V&R

תולדות toldot

Essays zur jüdischen Geschichte und Kultur

Herausgegeben von Dan Diner

Band 11

Jan Eike Dunkhase

Spinoza der Hebräer

Zu einer israelischen Erinnerungsfigur

Vandenhoeck & Ruprecht

Mit 1 Abbildung

Bibliografische Information der Deutschen Nationalbibliothek

Die Deutsche Nationalbibliothek verzeichnet diese Publikation in der Deutschen Nationalbibliografie; detaillierte bibliografische Daten sind im Internet über http://dnb.d-nb.de abrufbar.

ISBN 978-3-525-35112-3
ISBN 978-3-647-35112-4 (E-Book)

Lektorat: Cornelia Berens, Giekau

Druck und Bindung: ⊕ Hubert & Co, Göttingen

Inhalt

»Spinoza würde sich wundern.«

Karl Jaspers, 1957

Vorwort

In seinem *Theologisch-politischen Traktat* mokiert sich der radikale Aufklärer Baruch de Spinoza über den von Gläubigen behaupteten Offenbarungscharakter der hebräischen Bibel. Dabei bedient sich der Philosoph einer den Gegenstand seiner Neugier verlachenden Sprachkritik, indem er Vokalisierung wie Interpunktion des »heiligen Textes« als von Menschenhand nachgetragene, mithin als irdische Interpretationsleistung vorführt. Allenfalls die Konsonanten – so Spinozas ironische Pointe – könnten göttlichen Ursprungs sein.

Baruch de Spinoza kann als erster säkularer Jude gelten. Dass er säkular sein und Jude bleiben konnte, war der besonderen religionspolitischen Konstellation in den Vereinigten Niederlanden geschuldet, in denen der sich individualisierenden Person jenseits der Ordnung der Konfessionen Raum gegeben wurde. Dass über den Freigeist Spinoza der rabbinische Bann verhängt und er als Frevler aus der jüdischen Gemeinschaft ausgestoßen wurde, mag auf das seinerzeit noch wenig gefestigte Milieu seiner Herkunft zurückzuführen sein: das Milieu der Conversos, jener sich aufs Neue zum Judentum bekennenden Neuchristen, die sich, um der Inquisition auf der Iberischen Halbinsel zu entrinnen, vornehmlich in die toleranten Regionen Nordwesteuropas – nach Amsterdam, London und Hamburg – begaben. Umso drakonischer reagierte diese Gemeinschaft auf Abweichler.

Dass Spinozas Austreibung aus dem Judentum nicht zwingend den Übertritt ins Christentum nach sich zog und er damit Jude blieb, erhob den ebenso frühen wie konsequenten Aufklärer bei stetig wachsender Reputation unter den sich modernisierenden Juden zunehmend zu einer Identifikationsfigur: vor allem bei solchen Juden, die sich immer weniger als Angehörige eines religiösen, dafür aber umso mehr als solche eines nationalen Kollektivs empfanden. Dieser Prozess einer jüdisch-nationalen Aneignung Spinozas durchzieht das gesamte 19. Jahrhundert, um in den ersten Jahrzehnten des 20. Jahrhunderts zu seiner vollen Blüte zu gelangen. Und ebendiesen Prozess entfaltet Jan Eike Dunkhase in seiner Schrift über Spinoza den Hebräer geistesgeschichtlich. Mittels einer doppelten Hebraisierung Spinozas – der politischen im Sinne einer jüdisch-israelischen Nationsbildung wie seiner sprachlichen Übertragung ins Neuhebräische – wird der Philosoph zum Protagonisten einer israelischen Säkularisierung konstruiert. Doch ebenso wenig wie der rabbinische Bann im räumlich wie zeitlich entfernten Amsterdam Spinoza seiner jüdischen Zugehörigkeit zu entkleiden vermochte, vermag auch ein jüdisch-israelischer Säkularismus sich den Emblemen des Judentums gänzlich zu entziehen. Entfernt sich Ersterer vom Letzteren, wird er, so scheint es jedenfalls, von diesen wieder eingeholt – und sei es als Verwandlung ins Profane. Das Judentum indes tut weiter seine Wirkung, wenn auch, um ein inzwischen seinerseits verwandeltes Wort Spinozas aufzugreifen, in nunmehr politisch-theologischer Gestalt.

Dan Diner — Sommer 2013

Tel Aviv – Amsterdam

Orte und Namen, Namen und Orte. Rechov Spinoza, die Spinozastraße, ist eine ruhige, eher unscheinbare Seitenstraße im nördlichen Zentrum von Tel Aviv. Auf etwa halber Höhe zwischen dem Rabinplatz und der belebten Dizengoffstraße zweigt sie in nördlicher Richtung von der Frishmanstraße ab, um am Ende auf den Ben-Gurion-Boulevard zu stoßen. Sie gehört zu den gehobenen Wohnlagen der israelischen Metropole; die wichtigen Kultureinrichtungen der Stadt sind fußläufig erreichbar, nur wenige Minuten entfernt liegt der Strand. Die drei- bis vierstöckigen Mehrfamilienhäuser zeugen vom Funktionalismus der Moderne, ihr sandfarbener Putz vermischt sich mit dem üppigen Grün der Vorgärten und dem meist blauen Himmel zu einem für die Stadt typischen Farbensemble. Wären nicht die am Straßenrand geparkten Autos, könnte man sich in den Zwanziger- oder Dreißigerjahren des 20. Jahrhunderts wähnen – wie in so manchen Nebenstraßen Tel Avivs, die zu jener Zeit entstanden. Abgesehen von einem der berühmten Arbeiterwohnheime (Meonot Ovdim) des Bauhausarchitekten Arieh Sharon hat die Straße wenig Interessantes aufzuweisen. Das Besondere an ihr ist ihr Name.

Als konkret erfahrbare und langfristig wirksame Form von Erinnerungspolitik bieten Straßennamen wertvolle Einblicke in das sich wandelnde historische Selbstverständnis von Städten (und Staaten). Im Fall von Tel Aviv gilt das umso mehr. Tel Aviv war nämlich nicht nur die erste jüdische Siedlung in Palästina, die überhaupt

Straßennamen vergab – als »erste hebräische Stadt« war es auch die urbane Manifestation des zionistischen Unterfangens, den über Jahrhunderte hinweg räumlich zerstreuten Juden einen »Ort in der Geschichte« zu geben. Bedenkt man dabei, dass das hebräische Wort für Ort – *makom* – im postbiblisch-rabbinischen Judentum ein Synonym für Gott ist, kann man die Gründung der Stadt auch als prominenten Teil des Versuchs betrachten, das Land der Bibel zu einer realen Heimat zu machen und insofern »Raum zu säkularisieren« (Barbara Mann). Dass Tel Aviv von Beginn an als Erinnerungsort des säkularen Zionismus konzipiert war, lässt sich schon an seinem Namen ablesen, der dem hebräischen Titel von Theodor Herzls utopischem Roman *Altneuland* (1902) entspricht. Nachum Sokolow, der Übersetzer, brachte das Oxymoron des Originals durch den *Status constructus* von (Grab-)Hügel *(tel)* und Frühling *(aviv)* – Frühlingshügel – zum Ausdruck, wobei er den Namen eines in der Bibel (Ez 3,15) erwähnten Ortes im babylonischen Exil adaptierte. Das Verhältnis zur jüdischen Diaspora war Tel Aviv damit schon als offene Frage in die Wiege gelegt. Die Wahl der Straßennamen gab dieser Frage eine im starken Wortsinn alltägliche Gestalt.

Die ersten Straßen der 1909 auf den Dünen nördlich der alten arabischen Hafenstadt Jaffa und in bewusster Sezession von ihr inaugurierten jüdischen Siedlung Achusat Bajit, die der offiziellen Stadtchronik zufolge den Beginn dessen darstellte, was ein Jahr später als Tel Aviv bezeichnet wurde, waren nach den Gründern und Grundstücksbesitzern benannt. Bald folgten die Namen prominenter Zionisten wie Herzl und Achad Ha'am oder früher Förderer der jüdischen Neuansiedlung in Palästina wie Baron de Rothschild und Moses Montefiore.

Mit der räumlichen Ausdehnung griff man dann immer weiter in die jüdische Geschichte zurück. Der Historiker und Literaturwissenschaftler Joseph Klausner zeigte sich 1912 nach einem Spaziergang durch die Straßen Tel Avivs begeistert: »Es gibt noch eine Ecke auf der Welt, wo der Jude seine Helden respektieren und ihre Namen dem, was er geschaffen hat, verleihen kann.«

Im Jahr 1925 wurde der holländische Philosoph Benedict (Baruch) de Spinoza (1632–1677) in den Kreis der Helden aufgenommen. Er erhielt eine schmale Straße im hauptsächlich von jemenitischen Juden bewohnten Viertel Schabazi. Während die Entscheidung, die zu der Benennung führte, nicht mehr nachgezeichnet werden kann, lässt sich rekonstruieren, wie die Spinozastraße ein Jahrzehnt später dahin gelangte, wo sie noch heute liegt. Ihre Verlegung ist symptomatisch für das kulturelle Selbstverständnis des damals noch jungen Tel Aviv.

Das nördlich an das bereits 1887 gegründete (und damit den Neugründungsmythos von 1909 konterkarierende) jüdische Viertel Neve Tzedek angrenzende Schabazi lag damals an jener fließenden Übergangszone zwischen Jaffa und Tel Aviv, die von der Stadthistoriografie über Jahrzehnte verdrängt worden ist. Mit ihrer zwar weitgehend jüdischen, aber gleichzeitig orientalischen Bevölkerung passte es zudem nicht gut in das sorgsam gepflegte Selbstbild der vermeintlich auf leeren Dünen wie aus dem Nichts entstandenen »weißen Stadt«.

Die Furcht der aschkenasischen Gründerväter und der immer zahlreicher werdenden Neueinwanderer aus Europa vor einer »Levantisierung« Tel Avivs nahm in den Dreißigerjahren Züge einer öffentlichen Kampagne an. Anlässlich des 25-jährigen Geburtstags im Jahr 1934, als die britische Mandatsmacht dem Gemeinwesen die Stadtrechte verlieh und Tel Aviv damit förmlich von

Jaffa trennte, gaben Prominente wie der hebräische Nationaldichter Chaim Nachman Bialik und der legendäre Bürgermeister Meir Dizengoff der verbreiteten Sorge Ausdruck, ihr urbaner, besonders gehüteter Augapfel könnte sich zu einer unzivilisierten nahöstlichen Küstenstadt entwickeln. In diesem Zusammenhang wurde die Stadtverwaltung auch auf einen Missstand aufmerksam gemacht, der die Spinozastraße in Schabazi betraf.

Wie aus den Protokollen des Stadtrats ersichtlich wird, beklagten sich Bürger darüber, dass der Name »Spinoza« von den jemenitischen Bewohnern des Viertels in ihrer Unkenntnis des Philosophen »Schimpansa« oder »Spondscha« ausgesprochen wurde. Letzteres bedeutet auf Ladino »Schwamm« (griech.: *spongos;* engl.: *sponge*) und im umgangssprachlichen Neuhebräisch so viel wie »Wischen«. Dies war auch insofern brisant, als viele Jemeniten ihren Lebensunterhalt mit Putzen in aschkenasischen Häusern verdienten und der Straßenname daher als diskriminierend empfunden wurde. Deshalb entschied man, diesen Namen an einem neuen Standort im gepflegteren Norden der Stadt unterzubringen, wodurch – wie Aharon Ze'ev Ben-Yishai, der viele Jahre dem Ausschuss für die Benennung der Tel Aviver Straßen vorsaß, es im Rückblick ausdrückte – »sowohl Spinoza als auch die Jemeniten gewannen«. Die frühere Spinozastraße erhielt den Namen Machane Yosef (Lager Josefs). So hieß die Gegend einst, als sie noch zu Jaffa gehörte.

Die Umwidmung des Straßennamens versprach zusätzlich zu der Befreiung des geschätzten Philosophen aus den Fängen des Orients einen weiteren Vorteil. Spinoza gelangte nämlich nun in eine nominell illustre Nachbarschaft. Die ihm zuerkannte Straße verlief nicht nur parallel zu der nach Jitzchak Jakob Reines, dem Begründer der religiös-zionistischen Mizrachi-Bewegung, benannten, sondern auch zu denen, die die Namen des hellenistisch-jüdischen Denkers Philon von Alexandria beziehungsweise des deutsch-jüdischen Philosophen Hermann Cohen trugen. Zudem zweigte von ihr die Straße ab, mit der die Stadt Moses Mendelssohn ehrte, den von Berlin aus wirkenden Vater der jüdischen Aufklärung (Haskala). Es handelte sich also um ein wahres Philosophenviertel, in dem man von offizieller Seite bewusst Gegensätze miteinander vereinen wollte. Ben-Yishai berichtete Ende 1934 stolz: »Mendelssohn und Hermann Cohen waren Gegner der Lehre Spinozas – aber die Geschichte stiftet Frieden. In den Straßen Tel Avivs werden sie Seite an Seite residieren.«

Während Mendelssohn mit seinem ambivalenten Verhältnis zu Spinoza nur bedingt als dessen Gegner bezeichnet werden kann, trifft Ben-Yishais Befund auf Hermann Cohen umso mehr zu. Der Begründer der Marburger Schule des Neukantianismus, der sich als gläubiger Jude um die Verbindung von Vernunft und jüdischem Offenbarungsglauben sowie von Deutschtum und Judentum bemühte, hatte 1915, drei Jahre vor seinem Tod, eine flammende Anklageschrift gegen Spinoza veröffentlicht. Sie übertrifft in ihrer Härte jede philosophische Kritik, die davor oder danach an ihm geäußert worden ist. Hintergrund war die im 19. Jahrhundert unter deutschen Juden kontinuierlich zunehmende Spinoza-Verehrung. Cohen schüttete in seinem Text eine Litanei vernichtender Urteile über den Philosophen aus: Spinoza bedeute »für die neuere Geschichte des Judentums das schwerste Hemmnis und daher ein großes Missgeschick«, er bleibe »der eigentliche Ankläger des Judentums vor der christlichen Welt.« »Menschlich unbegreiflichen Verrat« attestiert Cohen ihm, der »mit der lieblosesten Härte nicht nur seinen Stamm verächtlich« gemacht, »sondern auch den Einzigen Gott verstümmelt« habe. Selbst für den verbreiteten »Judenhaß« sei der »böse Dämon Spinozas« mitverantwortlich.

Und so jemand sollte einer Straße in Tel Aviv seinen Namen geben dürfen? Der Fragende wird den Grund bestenfalls angedeutet finden, wenn er eine für die Straßennamen der Stadt zentrale Quelle konsultiert: das 1944 von Binyamin Mintz und Eliezer Steinmann herausgegebene *Namenbuch der Straßen Tel Avivs*. Hier wird einleitend betont, dass es »kaum eine große Persönlichkeit in Israel« gebe, deren Name nicht von einer der inzwischen 500 bestehenden Straßen getragen werde (mit »Israel« ist hier, wie aus dem Kontext klar ersichtlich wird, nicht das – noch vorstaatliche – jüdische Gemeinwesen in Palästina gemeint, sondern mit traditionell-religiöser Konnotation die Gesamtheit der Juden in der Geschichte). In der biografischen Erläuterung zu Spinoza findet sich manches, was an Cohens Kritik erinnert. So sei der Philosoph in seinem Werk über »Israel und seinen Gott« hergefallen (dass der nicht namentlich genannte Autor des Eintrags religiös war, lässt sich daran erkennen, dass er Gott stets Elokim statt Elohim nennt), und seine Meinungen stünden »in absolutem Widerspruch zur jüdischen Lehre«. Das einzig Positive, das hier zur Person Spinozas zu lesen steht, ist die Kurzcharakterisierung gleich am Anfang: »berühmter jüdischer Philosoph«.

Dass Spinoza Philosoph war, und ein berühmter noch dazu, ist eine unbestreitbare Tatsache. Diese allein hätte jedoch nicht ausgereicht, um eine Straße in Tel Aviv nach ihm zu benennen; anderen berühmten Philosophen – seien es Platon, Aristoteles, Descartes oder Kant – wurde diese Ehre nicht zuteil. Den Ausschlag gab also das Jüdische, das die zuständigen Mitarbeiter in der Stadtverwaltung bei diesem bestimmten Philosophen erkannten und bedeutsam fanden. Dass sich dies dabei kaum auf seine Philosophie beziehen konnte, wird deutlich, wenn man den »absoluten Widerspruch zur jüdischen Lehre«, der Spinoza im Straßennamenbuch attestiert wurde, mit der zu jener Zeit üblicherweise der jüdischen Philosophie zugeschriebenen Aufgabe konfrontiert. Julius Guttmann hatte sie 1933 in seinem bis heute maßgeblichen Standardwerk *Philosophie des Judentums* dahin gehend formuliert, »die Religion des Judentums philosophisch zu deuten und zu rechtfertigen«. Das Jüdische musste also die Person des Philosophen betreffen und nicht seine Lehre. Wie sah es aber mit Spinozas jüdischer Zugehörigkeit aus, der hier solch ein Gewicht zukam? Um dieser Frage nachgehen zu können, bedarf es eines zeitlichen Sprungs um drei Jahrhunderte zurück und eines signifikanten Ortswechsels: von Tel Aviv nach Amsterdam.

Die holländische Metropole war im 17. Jahrhundert, dem Goldenen Zeitalter der Niederlande, mit ihren rund 150 000 Einwohnern eine der größten Städte Europas und Mittelpunkt einer Welt im Aufbruch. Hier liefen politische, wirtschaftliche, kulturelle und religiöse Entwicklungen zusammen, die auf die Moderne vorauswiesen. Wenngleich die Republik der Vereinigten Niederlande förmlich erst 1648 im Westfälischen Frieden international anerkannt wurde und damit aus dem Heiligen Römischen Reich Deutscher Nation ausschied, hatten die sieben Provinzen sich bereits seit 1568 mit einer Reihe von Aufständen und Unabhängigkeitserklärungen schrittweise von den habsburgisch-katholischen Spanischen Niederlanden gelöst und zu einer eigenen, allerdings eher improvisierten politischen Form gefunden. Johan Huizinga hat den Typus dieser Republik als »eine an sich schwache Zentralgewalt, die auf dem gemeinsamen Interesse städtischer Oligarchien dahertrieb«, beschrieben. Nicht nur, dass die Vereinigten Niederlande als erster europäischer Staat keine Monarchie waren – auch Aristokratie und Klerus hatten hier machtpolitisch gegenüber der bürgerlichen Oberschicht das Nachsehen. Die zumal im Hinblick auf die allgemein-europäische Tendenz hin zum absolutistischen Zentralstaat augenfällige politische Anomalie fand ihre Entsprechung im kaum regulierten, protokapitalistischen Wirtschaftssystem. Gemeinsam mit den natürlichen Standortbedingungen des Landes und der relativen Passivität anderer europäischer Staaten sorgte es dafür, dass die Niederlande zu jener Zeit als führende Handelsnation auf allen Weltmeeren präsent waren und so zu einer nie wieder erreichten Machtfülle gelangten. Neben vielen anderen Handelsniederlassungen in Übersee gründete man 1626 quasi im Vorbeigehen Nieuw Amsterdam, das spätere New York. »Kapitalistisches Profitstreben und das wilde Abenteuer der Akkumulation auf den Meeren, die konstruktive Phantasie, von den Handelsgeschäften provoziert, und das Staunen, das darob die Philosophie ergreift« – so hat der italienische Politikwissenschaftler Antonio Negri die holländische Ausnahmesituation charakterisiert.

Keinen geringen Anteil an der mit dem maritimen Ausgreifen einhergehenden Blüte hatte eine Gruppe portugiesischer Kaufleute, die sich seit Ende des 16. Jahrhunderts mit ihren Familien in Amsterdam niederließen. Es handelte sich bei ihnen um Marranen (spanisch-portugiesisch: *marranos,* »Schweine«; auch Conversos oder Neuchristen genannt), zum Christentum (zwangs-)konvertierte Juden und deren Nachkommen, denen man unterstellte, nur zum Schein konvertiert zu sein, und die vor der Inquisition auf der Iberischen Halbinsel geflohen waren, um wieder zu ihrem alten Glauben zurückzukehren.

Sie profitierten von der ungewöhnlichen Toleranz gegenüber Andersgläubigen, die die Niederlande im Allgemeinen und Amsterdam im Besonderen damals ausgezeichnet hat. Dahinter standen trotz des starken Fortwirkens des Humanismus weniger hehre Ideale oder liberale Prinzipien einer geschriebenen Verfassung (die es nicht gab), sondern vielmehr das vorherrschende Primat der Ökonomie gegenüber Politik und Theologie. Die dominierende Kaufmannsschicht wollte sich ihr Geschäft auch vom Calvinismus, dem sie ohnehin in weiten Teilen skeptisch gegenüberstand, nicht verderben lassen. Die reformierte Kirche rückte bei all ihrem Einfluss doch nie in den Rang einer Staatskirche auf, die ein obrigkeitliches Regiment ausüben und anderen Konfessionen den Garaus machen konnte. Wie auf so vielen Ebenen der niederländischen Gesellschaft blieben die Dinge auch auf der religiösen in der Schwebe. So entstanden Freiräume für unzählige Glaubensrichtungen und Sekten, aber auch für manchen subversiven Denker und Philosophen.

Das schrittweise gewährte Niederlassungsrecht für die portugiesischen Marranen ging ebenso wenig auf ein Toleranzedikt oder humanitäre Erwägungen zurück. Es ergab sich aus dem Nutzen, den die Bürgermeister Amsterdams in den engen Handelsbeziehungen erkannten, die die Neuankömmlinge nicht zuletzt mit der spanischen Krone unterhielten. Als man 1598 »portugiesischen Kaufleuten« das Bürgerrecht gewährte, war deren jüdische Herkunft im Übrigen noch gar nicht bekannt. Bald wurde jedoch auch die Gemeindegründung legalisiert, die rechtliche Tolerierung erfolgte in Form situativer Einzelentscheidungen; einen Generalplan gab es nicht. Dem Gedeihen der portugiesischen Gemeinde tat dies keinen Abbruch: In den 1630er Jahren zählte sie bereits rund 1500 Mitglieder, die sich auf drei kleinere

Gemeinden verteilten, bis 1638 die Gemeinde Talmud Thora gegründet wurde, die fortan alle iberischen Juden vereinigte. Die Einweihung der noch heute existierenden großen Synagoge, genannt Esnoga, im Jahr 1675 gestaltete sich zu einem öffentlichen Festakt. Befeuert vom Respekt, der ihnen von prominenten nichtjüdischen Besuchern entgegengebracht wurde, sprachen Amsterdams Juden mitunter gar vom »neuen Jerusalem«. Auch wenn angesichts durchaus bestehender rechtlicher Benachteiligungen eine Romantisierung fehl am Platze wäre, bleibt das weitgehend konfliktfreie Zusammenleben von Juden und Christen an der Amstel bemerkenswert. Eine Ghettoisierung fand nicht statt, und die Kontakte zwischen den Juden und ihrer nichtjüdischen Umwelt waren so vielfältig und fruchtbar wie wohl nirgendwo sonst in der Frühen Neuzeit.

Die Offenheit im Umgang miteinander lag nur zu einem Teil in der pragmatisch-toleranten und aufgeschlossenen Grundhaltung der Amsterdamer Bürgerschaft begründet. Keine geringere Rolle spielte auf der Gegenseite die kulturelle Disposition der portugiesischen Juden: ihr marranischer Hintergrund. Das Marranentum macht paradigmatisch die Unzulänglichkeit des Identitätsbegriffs für die Beschreibung kultureller Zugehörigkeiten offensichtlich. Denn von einer Übereinstimmung mit irgendetwas, wie es die Rede von der »Identität« dem totalisierenden Wortsinn nach impliziert, waren die Marranen himmelweit entfernt. Ihre Geschichte zeichnet sich vielmehr dadurch aus, dass sie »integrale Identitäten aufbricht und jegliche Einzelkultur transzendiert« (Yirmiyahu Yovel). Nicht mehr kontinuierlich in der Tradition des Judentums verankert, doch auch oft nur halbherzig bis widerwillig im Christentum zu Hause, tat die religiöse Verfolgung durch die Inquisition das Übrige, um die Marranen in einer

Schwebelage wechselnder Zugehörigkeiten anzusiedeln. Diese hatte oftmals eine fundamentale Skepsis gegenüber der Orthodoxie beider Religionen, wenn nicht gegenüber der Religion überhaupt zur Folge. Auf einen weiteren bedeutsamen Aspekt der marranischen Erfahrung hat Yosef Kaplan hingewiesen: Die zum Judentum zurückgekehrten Angehörigen der westsephardischen Diaspora ergänzten den jüdischen Glauben mit christlichen Vorstellungen, die sie sich als Neuchristen angeeignet hatten, was wiederum dazu führte, dass sie das Judentum nicht mehr traditionell als allumfassende Lebensweise begriffen, sondern allein als religiöses Bekenntnis. So spricht Kaplan mit Blick auf das bleibende Verbundenheitsgefühl mit den nicht rekonvertierten Conversos auf der Iberischen Halbinsel von einer »Situation, in der religiöse Identität auf der einen Seite sich nicht mit ethnischer und sozialer Solidarität auf der anderen Seite deckt«.

In diese Konstellation wurde 1632 Spinoza hineingeboren. Während seine Eltern, der Kaufmann Michael de Spinoza (auch Despinosa, d'Espinosa) und dessen zweite Frau Hanna, als Marranen in Portugal noch wegen kryptojüdischer Praktiken inhaftiert worden waren und erst in Amsterdam offiziell zum Judentum zurückkehrten, wuchs er dort bereits als Jude heran. Antijüdische Diskriminierung lernte er nur aus der Familiengeschichte kennen; sein eigenes Leben war nicht davon beeinträchtigt. In der Schule der Talmud-Thora-Gemeinde erhielt er eine religiöse Erziehung, die das Erlernen der hebräischen Sprache und Bibelkunde umfasste. Über die fünfte Klasse ging seine Schulzeit aber wohl nicht hinaus – tiefer gehende Kenntnisse des rabbinischen Schrifttums konnte er sich bis dahin schwerlich angeeignet haben, und frühere Vermutungen, er hätte zum Rabbiner ausgebildet werden sollen, gelten inzwischen als abwegig.

Die fragmentierte Zugehörigkeit, die Spinoza mit auf den Weg gegeben war, lässt sich bereits an seinem Vornamen erkennen. Von Haus aus hieß er Bento, innerhalb der jüdischen Gemeinde firmierte er als Baruch, der erwachsene Denker zeichnete als Benedict oder Benedictus (die Namen bedeuten auf Portugiesisch beziehungsweise Hebräisch, Niederländisch und zuletzt Lateinisch allesamt »der Gesegnete«). Dies spiegelte sich in der Polyglossie des begabten Marranensprösslings wider: Seine Muttersprache war Portugiesisch, die frühe Bildungssprache Spanisch, die liturgische Sprache Hebräisch, die Verkehrssprache außerhalb der Gemeinde Niederländisch. Dass Spinoza sich als junger Mann zusätzlich noch die abendländische Bildungssprache, das Latein, aneignete, verweist bereits auf jene Öffnung hin zu neuen intellektuellen Horizonten, die letztlich zu seiner völligen Trennung von der jüdischen Gemeinde führte.

Wie so vieles in der Lebensgeschichte Spinozas ist auch die Zeit, in der er Latein zu lernen begann, nicht genau zu datieren; sicher ist, dass er es spätestens Anfang der 1650er Jahre tat. Nun war der Erwerb, geschweige denn die Kenntnis des Lateinischen an sich, nicht unbedingt etwas Außergewöhnliches innerhalb der Gemeinde. Nicht nur die führenden Rabbiner der Gemeinde, Saul Levi Morteira und Menasse Ben Israel, beherrschten es, auch viele der anderen Amsterdamer Sepharden waren als ehemalige Christen damit vertraut. Spinoza verband mit dem Spracherwerb jedoch weiter gehende Aspirationen in Richtung einer säkularen Bildung, die die religiöse Erziehung der jüdischen Gemeinde nicht befriedigte. Zum Lehrer wählte er sich Franciscus van den Enden (1602–1674). Dieser hatte sich als früherer Jesuit der Philosophie von René Descartes zugewandt (der zwischen 1629 und 1649 ebenfalls die freiheitliche

Atmosphäre Hollands zur Entwicklung seiner Lehre nutzte) und erwarb sich bald den Ruf eines Ketzers und Atheisten; drei Jahre nach seiner Übersiedelung nach Paris wurde er dort vor der Bastille gehängt. Sein Amsterdamer Haus war ein Treffpunkt junger Freidenker verschiedenster Ausprägungen. Hier knüpfte Spinoza freundschaftliche Beziehungen zu jungen nichtjüdischen Holländern und schuf sich die geistige Freiheit dazu, jenes Ereignis hinter sich zu bringen, das zu dem großen Wendepunkt seiner Biografie und zu einem Schlüsselmoment innerhalb der Rezeptionsgeschichte seiner Werke wurde: seine Exkommunikation aus der jüdischen Gemeinde.

Um den Bann Spinozas rankt sich eine Vielzahl von Mythen und Theorien, die in einem starken Missverhältnis zu den spärlich nachgewiesenen und teils sehr problematischen Quellen steht. Der *Cherem* war zu jener Zeit eine gängige Sanktionsmaßnahme, die allerdings meist nur von vorübergehender Dauer war. Zwischen 1622 und 1683 wurden in Amsterdam vierzig Gemeindemitglieder unterschiedlicher Verstöße wegen mit ihm belegt. Das Phänomen hatte weniger mit der jüdischen Tradition zu tun als vielmehr mit dem spezifischen Status der Amsterdamer Gemeinde. Diese war aufgrund ihres marranischen Ursprungs in sich wenig gefestigt und musste daher stärker um ihren inneren Zusammenhalt ringen als andere. Vor allem aber sah sie sich als die Vertreterin einer als Kollektiv geduldeten Handelsnation gezwungen, gegenüber den holländischen Behörden auf Ordnung und Disziplin in den Reihen ihrer Mitglieder zu achten. Ihr autoritärer Charakterzug war insofern – so paradox dies anmuten mag – auch den Bedingungen der holländischen Toleranzpolitik geschuldet.

Bemerkenswert an dem Bannspruch vom Juli 1656 gegen den damals 23-jährigen Spinoza bleibt jedoch die ungewöhnliche Härte seiner Formulierung. Zwar griffen die Amsterdamer auf standardisierte Vorlagen zurück, die sie Jahre zuvor von venezianischen Rabbinern erhalten hatten; sie lernten aber auch, den Wortlaut für jeden einzelnen Bann zu variieren. Insofern muss Spinoza sich aus Sicht der Gemeinde doch einiges haben zuschulden kommen lassen, um die drastischen Flüche zu rechtfertigen, mit denen er aufgrund seiner, wie es hieß, »schrecklichen Ketzereien« und »ungeheuerlichen Handlungen« »verbannt und ausgeschieden werde aus dem Volke Israel«. Niemand durfte fortan mehr in irgendeiner Weise mit ihm in Kontakt stehen oder irgendetwas von ihm lesen.

Was hatte der junge Mann getan, um sich diese existenzielle Strafmaßnahme zuzuziehen? Allem Wissen nach hatte er bis dato noch gar nichts geschrieben, geschweige denn veröffentlicht. Man kann jedoch davon ausgehen, dass seine ab Ende der 1650er Jahre in Angriff genommenen Frühschriften *Kurze Abhandlung von Gott, dem Menschen und dessen Glück* und *Abhandlung über die Verbesserung des Verstandes,* die in vielen Punkten auf sein späteres Werk vorausweisen, einen noch längeren gedanklichen Vorlauf hatten. Nun war aber weder den Rabbinern Amsterdams noch gar den weltlichen Gemeindevorstehern (Parnassim), denen die Befugnis zum Bann oblag, generell an der Zensur individueller Anschauungen gelegen. Dies wäre in der heterogenen Marranengemeinschaft auch wenig zielführend gewesen. Vielmehr verfolgten sie offene Verstöße gegen die herrschenden Normen, also aktive Handlungen, wozu auch das lautstarke Äußern vom Glauben abweichender Meinungen gehörte. Es kann, wie Jonathan Israel betont hat, zudem nicht davon ausgegangen werden, dass die jüdischen Autoritäten von sich aus großes Interesse daran gehabt hätten, den Sohn eines hochgeachteten Gemeindemitglieds und früheren Parnass zu verstoßen. So wird auch zu Beginn des Bannfluchs ausdrücklich betont, die Herren des Gemeindevorstands (Ma'amad) hätten sich »durch verschiedene Mittel und Versprechen« vergeblich darum bemüht, Spinoza »von seinen bösen Wegen abzulenken«. Insofern erscheint es verfehlt, ihn gemäß einer bis in die Gegenwart in der Literatur verbreiteten Sichtweise als tragisches Opfer einer despotischen jüdischen Führungsriege mit inquisitorischem Charakter zu betrachten. Tatsächlich weisen alle Indizien darauf hin, dass er den Bann bewusst provoziert hat.

Was Spinoza zu diesem außergewöhnlichen Vorgehen veranlasste, war ein Amalgam aus ideellen und materiellen Beweggründen. Kurzfristige Ereignisse vermengten sich hier mit längerfristigen Entwicklungen, wobei weder allein das Sein das Bewusstsein bestimmte noch allein das Bewusstsein das Sein. Dass der junge Mann bereits vor dem Bann zu jener philosophischen Grundhaltung gefunden hatte, die er erst nach dem Bann voll entfaltete, ist evident. Wirft man einen Blick in die gewöhnlich etwa auf das Jahr 1660 datierte *Kurze Abhandlung,* findet man bereits die zentralen Aspekte von Spinozas Gottesverständnis, das später so großen Aufruhr im jüdischen und christlichen Denken verursachte. So verneinte er hier ausdrücklich, dass »Gott das, was er tut, auch unterlassen könnte« (KV, 40), wodurch Gott, den er nicht als biblischen Schöpfer, sondern als »eine immanente und keine übergehende Ursache« (KV, 39) von allem begriff, die Willensfreiheit abgesprochen wurde. Auch in Form der dahinterstehenden Gleichsetzung »Natur oder Gott« (KV, 124) griff er seinem späteren Hauptwerk, der *Ethik,* voraus. Die jüdische Orthodoxie konnte für den, der so dachte und schrieb, auch wenige Jahre zuvor kaum mehr eine wirkliche geistige Autorität dargestellt haben. Dass Spinoza nun wohl mit bewussten Verstößen gegen religiöse Verhaltensnormen, freimütigen Äußerungen häretischer Positionen und renitentem, dabei womöglich spöttisch-verächtlichem Auftreten gegenüber den um Mäßigung bittenden Rabbinern und Parnassim offen gegen diese Autorität aufbegehrte, war aber nicht allein darauf zurückzuführen, sondern rührte noch von einem viel profaneren, wenn auch nicht weniger existenziellen Motiv her: finanziellem Bankrott.

Nachdem Spinoza bereits 1638, im Alter von sechs Jahren, seine Mutter verloren hatte, starb 1654 auch sein Vater. Dieser hinterließ ihm und seinem Bruder, der sich bald in die Karibik absetzte, das vom Ersten Englisch-Niederländischen Krieg (1652–1654) stark in Mitleidenschaft gezogene und hoch verschuldete Familienunternehmen. Odette Vlessing hat anhand der Unterlagen der Amsterdamer Finanzbehörden detailliert herausgearbeitet, wie der angehende Philosoph sich in der Folge gemäß holländischem und entgegen jüdischem Recht zum minderjährigen Waisen erklären ließ und sich einen nichtjüdischen Vormund nahm, um die Erbschaft seiner Mutter zu erhalten und sich gleichzeitig der vom Vater ererbten Schulden zu entledigen. Hiervon war die jüdische Gemeinde als für ihre Mitglieder auch ökonomisch zuständiges Gemeinwesen unmittelbar betroffen. Sie konnte es nicht zulassen, dass einer der ihren sich aus seiner Verantwortung gegenüber dem Kollektiv stahl und einen die innere wie äußere Stabilität gefährdenden Präzedenzfall schuf. Insofern muss der Bann gegen Spinoza als eine aus weltlichen und religiösen Motiven erfolgte Maßnahme einer Gemeinschaft betrachtet werden, die an sich eben nicht nur eine religiöse, sondern auch eine weltliche Autorität darstellte.

Spinoza hatte sich zur Zeit des Bannspruchs bereits von der jüdischen Gemeinde entfernt und bei Freunden Unterkunft gefunden, die zu den freigeistigen protestantischen Kollegianten gehörten. Seinem frühen, noch zeitgenössischen Biografen Jean-Maximilien Lucas zufolge reagierte er gelassen auf die Nachricht der Exkommunikation und ließ verlauten, man zwinge ihn zu nichts, was er nicht auch von sich aus getan hätte. Was Spinozas Fall noch erstaunlicher macht, ist, dass er niemals den christlichen Glauben annahm. Er wurde so zum ersten Denker ohne religiöse Zugehörigkeit, zu einem säkularen Individuum – Jahrhunderte bevor die Säkularität als Begriff und Geisteshaltung weite Verbreitung in der westlichen Welt fand.

Vier Jahre nach dem Bann verließ Spinoza Amsterdam und zog in das Dorf Rijnsburg nahe der Universitätsstadt Leiden, einer Hochburg der Kollegianten. 1663 siedelte er in das noch weiter südlich gelegene Voorburg über, zuletzt 1669 nach Den Haag, wo er acht Jahre später an einer Lungenkrankheit starb. All die Jahre ermöglichten ihm die Unterstützung, die ihm wohlhabende Förderer aus der holländischen Oberschicht gewährten, und wahrscheinlich auch finanzielle Rücklagen einen eher spartanischen Lebensstil, der jedoch nicht völlig asketisch war (er trank Bier und rauchte). Dass ihm auch das Schleifen von Glaslinsen etwas Geld einbrachte, ist gut möglich. Entgegen der romantisierenden Ansicht, er habe damit seinen Unterhalt bestritten, geht man aber inzwischen davon aus, dass er es in erster Linie aus naturwissenschaftlichem Interesse tat.

Soweit ersichtlich, verkehrte Spinoza seit dem Bann nur noch mit Nichtjuden, unterhielt keinerlei Kontakte mehr zu seinen früheren Glaubensgenossen, zeigte kein Interesse mehr an jüdischen Belangen und versuchte zeitlebens auch nie, sich mit der Gemeinde, der er entstammte, zu versöhnen und die Exkommunikation widerrufen zu lassen. Die einzige Zugehörigkeit, die er selbst ausdrücklich affirmierte, war die eines Bürgers der holländischen Republik. Sein Bruch mit der jüdischen Gemeinschaft war absolut und endgültig. Der Bann wurde niemals aufgehoben.

Dass im frühen Tel Aviv eine Straße nach Spinoza benannt wurde, ist also alles andere als selbstverständlich. Die Aufnahme des gebannten Philosophen in die urbane Heldengalerie war Ausdruck des säkularen, wenn nicht schon häretischen Charakters, dem sich die Stadt von Beginn an verschrieb. In der israelischen Kapitale Jerusalem, dem heiligen Ort des Judentums, in dem die glimmende »Glut des Sakralen« (Dan Diner) im 20. Jahrhundert wieder voll entfacht wurde, wäre eine Spinozastraße bis heute unmöglich.

Aus jüdisch-religiöser Perspektive ist Spinoza ein Abtrünniger und Ketzer geblieben. Der bereits erwähnte Hermann Cohen ist dabei nur ein prominentes Glied in einer Kette jüdischer Spinoza-Gegner (von höchst unterschiedlichem Rang), die von den Amsterdamer Rabbinern im 17. Jahrhundert über den bedeutenden italienischen Rabbiner und Gelehrten Samuel David Luzzatto (1800–1865) bis in das moderne Israel reicht. So verurteilte der israelische Historiker Haim Hillel Ben-Sasson in der von ihm 1969 herausgegebenen, über Jahrzehnte kanonischen Status einnehmenden *Geschichte des jüdischen Volkes* Spinoza in einer Weise, die stark an Cohens Verdikt erinnert. Und noch 2010 geißelte der amerikanisch-israelische Philosoph Yoram Hazony, Leiter eines neokonservativen Thinktanks in Jerusalem, Spinoza für den »ersten systematischen Versuch eines Juden, ein gebildetes europäisches Publikum davon zu überzeugen, dass nichts oder wenig aus den hebräischen Schriften gewonnen werden könnte«. Das Motto »Goodbye, Spinoza«, das der zeitweilige Berater des israelischen Ministerpräsidenten Benjamin Netanjahu für seinen Artikel wählte, ist dabei weniger als Schlachtruf denn als Ausdruck von Siegeszuversicht zu lesen. »Die Anhänger Spinozas sind so übel zugerichtet worden, es gibt einfach niemanden mehr, der die Barrikaden besetzt«, heißt es hier triumphierend. So wenig es zutrifft, dass es keinen mehr gebe, der bereit wäre, für Spinoza in den Ring zu steigen, so sehr verdeutlicht die Kampagne Hazonys, dass der Philosoph aus dem 17. Jahrhundert noch heute zur Ikone eines Kulturkampfes in Israel taugt. Dessen Konfliktparteien lassen sich mit den Metaphern »Jerusalem« und »Tel Aviv« emblematisch durch die beiden wichtigsten Städte Israels bebildern.

Auf einer anderen Seite nämlich ist Spinoza immer wieder von jenen als Identifikationsfigur in Anspruch genommen worden, die für einen säkularen, universalistisch orientierten Zuschnitt des jüdischen Staates eintreten. So wurde der Philosoph etwa im Januar 1999 in einer Buchbesprechung in der linksliberalen Tageszeitung *Haaretz* sogar als »erster säkularer Israeli« bezeichnet. Yishai Cordova nahm darin Bezug auf eine wenige Monate zurückliegende Meinungsverschiedenheit zwischen zwei Vertretern der juristischen beziehungsweise militärischen Führungsspitze. Kein Geringerer als der Präsident des Obersten Gerichtshofes, Aharon Barak, hatte Spinoza als »Fleisch und Blut des Judentums« bezeichnet und wurde dafür von Brigadegeneral Yaacov Amidror heftig getadelt. Amidror war als erster religiöser General der israelischen Armee zu jener Zeit verantwortlich für die Militärdoktrin und zuvor bereits wegen ausfälliger Bemerkungen gegen die säkularen Juden des Landes in die Schlagzeilen geraten (im März 2011 wurde er von der zweiten Regierung Netanjahu zum Nationalen Sicherheitsberater ernannt). Cordova, seines Zeichens Chefredakteur im hauseigenen Verlag des israelischen Verteidigungsministeriums, erinnerte vor diesem Hintergrund daran, dass einst viele führende Zionisten, darunter auch der erste israelische Ministerpräsident David Ben-Gurion, Spinoza in die vorderste Reihe der Großen der Nation gestellt hätten und dafür eingetreten seien, das historische Unrecht seiner religiösen Verstoßung wiedergutzumachen.

Die Tradition des jüdischen Spinozismus, dessen zionistisch-israelische Spielart das Thema der folgenden Kapitel darstellt, hatte freilich ebenso wenig wie die der jüdischen Antipathie gegen Spinoza allein mit dem biografischen Schlüsselereignis des Banns zu tun, der den Philosophen aus der Gemeinschaft der Juden ausschloss, sondern mehr noch mit seiner im Anschluss daran entwickelten und formulierten Philosophie. Durch sie wurde der Bann für spätere Generationen schließlich überhaupt erst interessant. Es ist die Verbindung von Bann und Philosophie, durch die Spinoza zu einer zentralen Herausforderung für die jüdische Moderne wurde. Was hatte es also mit seiner Lehre auf sich, die ihn für religiöse Juden, teilweise bis zum heutigen Tag, so verwerflich machte und für säkulare Juden so attraktiv erscheinen ließ, dass sie ihn, den Abtrünnigen, zu ihrem nationalen Helden erkoren?

An dieser Stelle sei eine kurze Bemerkung zur Sprache eingeschaltet: Spinoza verfasste seine sämtlichen Werke auf Latein. Dies war keineswegs selbstverständlich. Die Bildungssprache des Abendlandes war zu jener Zeit im Begriff, auch in der Philosophie allmählich gegenüber den entstehenden Nationalsprachen ins Hintertreffen zu geraten. Vor allem aber war das Lateinische anders als einst das Arabische oder noch früher das Griechische nie zu einer jüdischen Sprache geworden. Schon an Spinozas Sprachwahl lässt sich also erkennen, dass seine Schriften einem nichtjüdischen Diskussionszusammenhang galten.

Nur zwei von Spinozas Werken wurden zu seinen Lebzeiten veröffentlicht. Wiederum nur eines davon, *Descartes' Grundlagen der Philosophie auf geometrische Weise begründet* von 1663, trug seinen Namen. Diese kleine erkenntnistheoretische Kritik stellte wohl die Verschriftlichung eines privaten Einführungskurses in die Philosophie Descartes' dar, den er jungen Holländern erteilte. Sie machte ihn zwar in der Gelehrtenwelt seiner Zeit bekannt, war der Form nach aber so gehalten, dass sie, wenngleich ihr Autor hier werkgeschichtlich interessante Grundzüge seines eigenen Gedankengebäudes entwickelte, kaum Wellen schlug. Ganz anders verhielt es sich mit seiner zweiten Publikation, die 1670 anonym in Amsterdam erschien. Als das Buch vier Jahre später auf Anweisung des holländischen Hofes hin verboten wurde, war es ebenso wie sein Autor schon weit über die Grenzen der Niederlande hinaus in Verruf geraten. Einige versprengte Zirkel wiederum verbreiteten seinen Inhalt über ganz Europa weiter und legten damit den Keim für jene Frühaufklärung, die, wie Jonathan Israel nicht müde wird zu betonen, um vieles radikaler war als die klassischen Aufklärungsbewegungen rund ein Jahrhundert später.

Der *Tractatus theologico-politicus* ist ein Meilenstein in der Geschichte der politischen Philosophie und eine wichtige Etappe auf dem Weg zur philosophischen Begründung und Rechtfertigung des modernen Staats. Wie auf dem Titelblatt zu lesen war, sollte hier gezeigt werden, »daß die Freiheit zu philosophieren nicht nur unbeschadet der Frömmigkeit und des Friedens im Staat zugestanden werden kann, sondern daß sie nur zugleich mit dem Frieden im Staat und mit der Frömmigkeit selbst aufgehoben werden kann«. Diese Absichtserklärung klang im 17. Jahrhundert weniger harmlos als heute. Zudem ging es Spinoza in seinem Traktat letztlich nicht allein um den Schutz individueller Denkfreiheit, sondern um das grundsätzliche Verhältnis zwischen weltlicher und religiöser Autorität im Staat, wobei es für ihn feststand, »wie verderblich es für die Religion und den Staat ist, den Religionsdienern das Recht einzuräumen, Verordnungen zu erlassen oder Regierungsgeschäfte zu führen, während in jeder Beziehung viel größere Beständigkeit herrscht, wenn sie so eingeschränkt werden, daß sie nur, wenn sie befragt werden, Antworten erteilen und im übrigen nur lehren und üben, was herkömmlich ist und dem Brauch entspricht« (TTP, 280).

Spinoza schrieb vor einem politischen Hintergrund, der seine eigene Existenz ganz unmittelbar betraf. In der Republik der Vereinigten Niederlande hatte sich das Mächteverhältnis zwischen dem Ratspensionär der Provinz Holland, Johan de Witt (1625–1672), der in der statthalterlosen Periode seit 1652 faktisch zum Staatschef geworden war und die Interessen der liberal-republikanisch orientierten Kaufmannsschicht vertrat, und den Oraniern, die große Teile des Volkes und vor allem die calvinistische Orthodoxie auf ihrer monarchischen Seite wussten, aufgrund außenpolitischer Bedrängnisse zugunsten Letzterer verschoben. Dass die Toleranz im Staat bedroht war, erfuhr Spinoza auf drastische Weise, als sein Freund Adriaan Koerbagh einer religionskritischen Schrift wegen 1668 eingesperrt wurde und ein Jahr darauf im Gefängnis den schweren Haftbedingungen erlag.

Dies erklärt die der Vorsicht geschuldete Mehrdeutigkeit von Spinozas Sprache, die das Verständnis des Traktats seit jeher erschwert. Leo Strauss hat ihn so auch als Beispiel für die Kunst des Schreibens unter dem Druck politischer Verfolgung gedeutet und das Bestehen einer esoterischen neben der exoterischen Textebene herausgearbeitet – ein Phänomen, das wiederum für Yirmiyahu Yovel auf die marranische Tradition verweist, in der Spinoza stehe.

Ganz eindeutig war der Traktat aber ein Appell an de Witt, resoluter für die Aufrechterhaltung der von ihm verkörperten Prinzipien einzutreten, als er es zuletzt getan hatte. Dabei berief sich der Autor auf das »seltene Glück«, »in einem Staat zu leben, in dem einem jeden die volle Freiheit zugestanden wird, zu urteilen und Gott nach seinem Sinne zu verstehen« (TTP, 6), und beschwor das idealisiert-leuchtende Beispiel Amsterdams:

»In diesem blühenden Staat, in dieser herrlichen Stadt leben alle Menschen, welchem Volk und welcher Sekte sie auch angehören, in vollkommener Eintracht. [...] Um die Religion oder die Sekte kümmert man sich nicht, weil sie beim Richter für die Entscheidung über Recht oder Unrecht nicht in Betracht kommt« (TTP, 307).

Dass der Traktat in der jüdischen Spinoza-Rezeption über Jahrhunderte meist weniger an den holländischen Kontext gekoppelt denn als Reaktion auf den Bann verstanden und gedeutet worden ist – um »mit dem jüdischen Volk und dessen Traditionen gründlich abzurechnen« (Ben-Sasson) –, hat damit zu tun, dass ein Großteil des Werks der Bibelkritik gewidmet ist. Spinoza ist als ihr eigentlicher Begründer zu betrachten. Und tatsächlich liegt in Form seiner historisch-philologischen Dekonstruktion der Heiligen Schrift und damit auch des jüdischen Offenbarungsglaubens eine geistesgeschichtliche Pionierleistung vor, die das traditionelle Judentum erschüttern musste; zumal er dieses, wohl auch aus Gründen der Vorsicht, tendenziell schärfer kritisierte als das Christentum. Andererseits: Selbst dort, wo der Philosoph den Verfall des Staates der alten Hebräer als Paradebeispiel für die verhängnisvollen Folgen der Theokratie ins Feld führte, hatte er letztlich mehr als seine früheren Glaubensbrüder die Calvinisten vor Augen, die sich zu jener Zeit die hebräische Bibel zum politischen Lehrbuch erkoren hatten. Denn für Theokraten besteht der Zweck des Staates darin, einer göttlich-offenbarten Ordnung zu dienen, wobei es den geistlichen Autoritäten obliegt, den Menschen zu sagen, worin der Wille Gottes besteht. Für Spinoza liegt der Zweck des Staates hingegen nicht darin, »zu herrschen noch die Menschen in Furcht zu halten oder sie fremder Gewalt zu unterwerfen, sondern vielmehr den einzelnen von der Furcht zu befreien, damit er so sicher als möglich leben und sein natürliches Recht zu sein und zu wirken ohne Schaden für sich und andere vollkommen behaupten« könne. »Der Zweck des Staates ist in Wahrheit die Freiheit« (TTP, 301).

All dem lag ein neuartiges Verständnis von Gott, Mensch und Welt zugrunde, das sich im *Theologisch-politischen Traktat* bereits angedeutet findet. So konstatiert Spinoza im dritten, der Frage der jüdischen Auserwähltheit gewidmeten Kapitel, dass es letztlich auf ein und dasselbe hinauslaufe, »ob wir nun sagen, alles geschieht nach Naturgesetzen oder alles wird nach Gottes Ratschluß und Leitung geordnet«. »Weil ferner die Macht aller Naturdinge nichts anderes ist als Gottes Macht selbst, durch die allein alles geschieht und bestimmt wird«, fährt er fort, werde »folglich alles, was der Mensch, der ja ein Teil der Natur ist, um seiner selbst willen und zu seiner Selbsterhaltung tut oder was die Natur ihm ohne sein Zutun darbietet, ihm allein von der göttlichen Macht dargeboten, die teils durch die menschliche Natur, teils durch äußere Dinge wirkt« (TTP, 51). Auf diese Weise führte Spinoza eher unvermittelt, und dadurch auch weniger augenfällig, ein Kernmoment seines erst 1677 postum erschienenen Hauptwerks ein. Dieses hatte er bereits 1662 begonnen, bevor ihn die politische Situation seines Landes dazu trieb, es für etwa fünf Jahre ruhen zu lassen, um den Traktat zu verfassen.

Die *Ethik* steht wie ein erratischer Block in der abendländischen Geistesgeschichte. Der Zugang zu dem Werk wird nicht zuletzt durch die geometrische Darstellungsform erschwert, für die sich sein Autor entschied. Der auf nachkommende Lesergenerationen oft so abschreckend wirkende Aufbau war einerseits der im frühneuzeitlichen Rationalismus verbreiteten Popularität der euklidischen Geometrie geschuldet und mochte auch als formaler Schutz für die durchaus revolutionären Gedankengänge gedient haben, die zum großen Teil in den Anmerkungen verborgen liegen. Vor allem aber – darauf hat Steven B. Smith in seiner Interpretation hingewiesen – war die Schrift Ausdruck einer neuen Vorstellung genuin menschlichen Verstandes- und Schöpfungsvermögens, eines von göttlicher Offenbarung und Autorität befreienden Aspekts von Mathematik.

So gesehen gewinnt auch die Gliederung der *Ethik* ihre Aussagekraft. Das Buch ist gleich dem Pentateuch in fünf Teile gegliedert, wobei es mit Gott beginnt und mit der menschlichen Freiheit endet. Sein tief greifender Inhalt kann hier nur oberflächlich gestreift werden: An den ersten Teil »Von Gott«, der mit dem Begriff Gottes als allumfassender Substanz beginnt und mit der Leugnung eines göttlichen Willens, dem »Zufluchtsort der Unwissenheit« (E, 89), endet, schließt sich im zweiten Teil »Von der Natur und dem Ursprung des Geistes« Spinozas komplexe, den Leib-Seele-Dualismus auflösende Erkenntnistheorie an. In der Mitte des Werks steht die Lehre von den Affekten, denen der Mensch von Natur aus ausgesetzt ist. Mit ihr wurde Spinoza zum frühen Ahnen der modernen Emotionsforschung. Der vierte und umfangreichste Teil handelt von der menschlichen Knechtschaft als der »Ohnmacht, die Affekte zu mäßigen und zu hemmen« (E, 373). Spinoza entwickelt hier ein Verständnis von Politik, das letztlich auf eine anthropologische Fundierung liberaler Demokratie hinausläuft: »Ein Mensch, der sich von der Vernunft leiten läßt, ist freier in einem Staat, wo er nach einem gemeinsamen Beschluß lebt, als in einem Alleinsein, in dem er nur sich selbst gehorcht« (E, 503). Der fünfte Teil »Von der Macht des Verstandes oder von menschlicher Freiheit« schlägt davon ausgehend den Bogen zurück zum Anfang und schließt mit der von der Vernunft geleiteten geistigen Gottesliebe *(amor intellectualis Dei)* als Inbegriff schwer zu erlangender kontemplativer Glückseligkeit. Alles in allem lässt sich die *Ethik* als ein »Gründungsdokument des modernen demokratischen Individualismus« (Smith) betrachten.

In der Rezeption des Werks hat über die Jahrhunderte vor allem die schillernde Stellung Gottes in Spinozas Denksystem zu Verunsicherung und Polarisierung Anlass gegeben. Im Mittelpunkt steht dabei die Gleichsetzung von Gott und Natur, wie sie am prominentesten in der zu Beginn des vierten Teils (E, 375) in den Textraum geworfenen Formel »Gott oder Natur« *(Deus sive natura)* zum Vorschein kommt. Karl Löwith hat ihr ein wichtiges, von der Spinoza-Forschung weithin vernachlässigtes Kapitel gewidmet.

Es ist der »historisch unzeitgemäße Abschluss« seines 1967 erschienenen Spätwerks *Gott, Mensch und Welt,* in dem er die »theologischen Implikationen der gesamten nachchristlichen Metaphysik« zwischen Descartes und Nietzsche offenlegt. Der Philosoph weist darauf hin, dass die berühmte Gleichung »sowohl eine Interpretation mit dem Schwergewicht auf dem einen wie auf dem anderen« zulasse, weswegen »Spinozas metaphysische Theologie prinzipiell zweideutig« sei. Eindeutig sei sie jedoch darin, dass »dieser philosophische Gott über alles bloß Menschliche hinaus ist«. »Spinozas Gott-Natur ist frei von dem biblischen Vorurteil, wonach Gott und Mensch eine Partnerschaft bilden, im Verhältnis zu der die Natur etwas außer uns ist«. Davon ausgehend lässt sich auch die alte Frage beantworten, ob Spinoza Atheist war: Wenn Atheismus so viel bedeutet, »wie an keinen persönlichen, richtenden und erlösenden Gott jenseits der irdischen Welt glauben, dann war er es zweifellos«. Der »viel zitierte ›amor intellectualis Dei‹« betrifft schließlich »kaum noch den Gott der Philosophen, geschweige der Bibel, sondern einen Gott, den Spinoza der Natur und dem Weltall gleichstellt«. Löwith betont weiter, Spinoza habe vielleicht »nicht nur nicht alles gesagt, was er dachte, sondern auch gar nicht alles denken können, was für uns, die Erben der durch ihn eröffneten Religionskritik, kaum noch des Denkens und Sagens wert ist: *daß überhaupt kein Gott ist – weder ein glaubwürdiger, noch ein denkwürdiger, weder ein anwesender noch ein abwesender*«. Spinoza steht damit »genau an der Grenze, an der das Vertrauen in Gott erlischt und der kritische Überschritt zur Anerkennung eines gottlosen Weltalls geschieht, das ohne Zweck und also ohne Sinn oder Wert ist«. Eindringlicher lässt sich der Ort Spinozas in der Ideengeschichte des Säkularismus kaum in Worte fassen, wenngleich Löwith hier die Möglichkeit des Pantheismus als nicht theistische Frömmigkeitsform unterschätzt.

Wie Jan Assmann in seiner Studie *Moses der Ägypter* konstatiert, zerstörte Spinoza mit der Unterscheidung zwischen Gott und Welt auch das, was sich als »mosaische Unterscheidung« bezeichnen lässt: die »Unterscheidung zwischen wahr und unwahr in der Religion«, wie sie allen monotheistischen Religionen zugrunde liegt. Während Spinozas revolutionärer Dekonstruktion dieser Unterscheidung also universale Bedeutung zukommt, hat sie für die Geschichte der Juden zusätzlich noch eine partikulare Dimension. Schließlich wurde der biblischen Erzählung nach das Volk Israel eben durch den exklusiven Bund mit dem einen Gott gestiftet, den Moses im Zuge der Offenbarung auf dem Sinai den Hebräern bei ihrem Auszug aus Ägypten vermittelte. Dabei begriff sich das monotheistische Israel von Beginn an als Negation des poly- beziehungsweise kosmotheistischen Ägypten. Der sich an der Schwelle zum Atheismus bewegende Pantheismus Spinozas, der in der neuzeitlichen Geistesgeschichte nicht von ungefähr auch mit Ägypten assoziiert wurde, markierte für die Juden somit eine existenzielle Wegscheide.

Im jüdischen kulturellen Gedächtnis hat Spinoza mancherlei Gestalt angenommen. An den beiden Polen des Spektrums lassen sich dabei zwei einander widerstreitende Erinnerungsfiguren herauspräparieren. Sie sollen hier in freier Anlehnung an Assmann idealtypisch als »Spinoza der Ägypter« und »Spinoza der Hebräer« bezeichnet werden. Beide Erinnerungsfiguren betreffen die Frage jüdischer Zugehörigkeit in der Moderne. Spinoza der Ägypter bedroht aus religiöser Perspektive den traditionellen Zusammenhalt des Judentums. Spinoza der

Hebräer soll aus säkularer Perspektive einen neuen, nationalen jüdischen Zusammenhalt festigen. Spinoza der Ägypter wird von Tradition und Orthodoxie hinreichend begründet. Spinoza der Hebräer bedarf der Rechtfertigung. Er ist eine zionistische Erfindung, die als kultureller Referenzpunkt noch im Staat Israel nachwirkt und gerade dort auf den Plan gerufen wird, wo der säkulare Charakter der Gesellschaft zur Debatte steht.

Genealogie und Entfaltung von Spinoza dem Hebräer sind das Thema der folgenden Kapitel. Dabei ist die Darstellung insofern gedächtnisgeschichtlich, als sie unter Gedächtnis »nicht einfach die Speicherung vergangener Fakten« versteht, sondern »die fortlaufende Arbeit rekonstruktiver Imagination« (Assmann). Sie ist insofern kritisch, als sie die zu untersuchende Erinnerungsfigur mit der realhistorischen Figur konfrontiert, was in Spinozas Fall, anders etwa als im Fall von Moses, zumindest im Ansatz möglich ist. Sie ist insofern essayistisch, als sie sich des Versuchscharakters bewusst bleibt, der sich aus der in freier Form zu gestaltenden »Balance von objektivem Wirklichkeitsbezug und subjektiver Prägung durch die Persönlichkeit des Verfassers« (Nicolas Berg) ergibt.

Die heilige Geschichte

Die erste Station von Spinozas Reise nach Zion lag am Rhein. Im Rheinland waren die Juden im frühen 19. Jahrhundert in eine krisenhafte Lage geraten, die paradigmatisch auf jene geistigen Ursprünge des Zionismus vorausweist, die diesen als »post-emanzipatorisches Phänomen« (Shlomo Avineri) erscheinen lassen. Hier galt es besonders bittere Erfahrungen mit der Emanzipation zu verarbeiten.

Im Zuge der Revolutionskriege (1792–1802) wurden die linksrheinischen Gebiete des Heiligen Römischen Reiches Deutscher Nation schrittweise Frankreich eingegliedert und nach Aufhebung der ständischen Privilegien dem Code civil (1804) unterstellt. Damit kamen auch die dort ansässigen Juden früher als alle anderen in Mitteleuropa in den Genuss voller Bürgerrechte. Doch das Glück gestaltete sich im Schatten der aufflammenden deutschen Nationalbewegung, die sich nicht zuletzt durch Judenfeindschaft ihrer selbst vergewisserte, fragil. Vor allem währte es nicht lange: Auf erste Einschränkungen durch Napoleons »Décret infâme« von 1808 folgte wenige Jahre später die vollständige Rücknahme der Gleichberechtigung durch Preußen, das auf dem Wiener Kongress die Herrschaft über die Rheinprovinz zugesprochen bekam und dort eine restaurative Judengesetzgebung einführte (das Judenedikt von 1812 galt hier nicht).

Die Hinwendung zum revolutionären Frankreich und das traumatische Erlebnis gewonnener wie zerronnener Freiheit lebten im kollektiven Gedächtnis des rheinischen Judentums fort. Die einstige Wiege aschkenasischer Kultur wurde zu einem Treibhaus der Moderne, in dem sich die Abkehr von der religiösen Tradition in einer sich zunehmend säkularisierenden christlichen Umwelt mit frühsozialistischen Ideen verband. Neben Heinrich Heine (geb. 1797 in Düsseldorf) und Karl Marx (geb. 1818 in Trier) entsprang der linksrheinischen Konstellation auch der erste Denker, der nationalpolitische Konsequenzen aus der scheiternden Emanzipation der Juden einforderte – und dies als erklärter Spinozist.

Es war Moses Hess (1812–1875), der mit seiner 1862 publizierten Schrift *Rom und Jerusalem. Die letzte Nationalitätenfrage* den Zionismus »gewissermaßen erfand« – wie Isaiah Berlin es in seinem anhänglichen biografischen Porträt ausdrückte. Man wird diese Formulierung in Anbetracht anderer Tendenzen und Stimmen, die schon vor der eigentlichen Gründung der zionistischen Bewegung durch Theodor Herzl 1896/97 die Melodie einer Wiedererrichtung jüdischer Souveränität im Land Israel anstimmten, relativieren wollen, zumal Hess' Werk zu seinen Lebzeiten kaum rezipiert wurde. Aber es bleibt eine Tatsache, dass er sich um vieles früher und intensiver als Herzl in *Der Judenstaat* darum bemüht hat, einen nach Palästina hin orientierten jüdischen Nationalismus historisch-philosophisch zu begründen.

Hess entstammte einer orthodoxen Kaufmannsfamilie aus Bonn, die später nach Köln übersiedelte, wo der Vater Vorstand der jüdischen Gemeinde wurde. Traditionell-religiös erzogen und dazu bestimmt, einmal das väterliche Unternehmen fortzuführen, löste er sich bald von den familiären Zielvorgaben und begann sich unter dem Einfluss des Linkshegelianismus als philosophischer Schriftsteller und politischer Publizist zu betätigen, unter anderem für die Rheinische Zeitung, wo er Marx begegnete, mit dem ihn zeitlebens eine von gegenseitiger Anziehung und Abstoßung geprägte Beziehung verband. Mit Marx teilte Hess auch die Erfahrung des politischen Exils; vorwiegend von Paris aus machte er sich einen Namen als Wegbereiter des Sozialismus und der Sozialdemokratie in Deutschland.

Während sein nationaljüdisches Engagement im Land seiner Herkunft wenig Aufmerksamkeit auf sich zog, wurde Hess demgegenüber im Jischuw, der jüdischen Siedlungsgemeinschaft im vorstaatlichen Israel, zu Beginn des 20. Jahrhunderts dankbar als Vordenker angenommen, der eine willkommene theoretische Grundlage für das eigene Tun lieferte (ohne dass dieses kausal auf jene zurückzuführen war). Seine Gebeine wurden ein Jahrhundert nach Erscheinen von *Rom und Jerusalem* auf den Friedhof des Kibbuz Kinnereth am See Genezareth überführt und neben denen anderer Ikonen des sozialistischen Zionismus wie Ber Borochov und Berl Katznelson bestattet.

Von dieser Wertschätzung war auch Spinoza betroffen. Nach Lektüre der Pionierschrift seines ihm bis dahin unbekannten Vorläufers Hess notierte kein Geringerer als Herzl 1901 in sein Tagebuch: »Seit Spinoza hat das Judentum keinen größeren Geist hervorgebracht. Alles, was wir versuchten, steht schon bei ihm«. Als »lästig« empfand Herzl »nur das Hegelianische seiner Terminologie, als »herrlich« hingegen das »Spinozistisch-Jüdische u[nd] Nationale.« Bereits Shlomo Na'aman hat in seiner treffenden Verortung des Œuvres von Hess zwischen »Emanzipation und Messianismus« hieran die Frage angeschlossen, ob »der Bindestrich zwischen ›Spinozistisch‹ und ›Jüdisch‹ berechtigt« sei – allerdings ohne ihr weiter nachzugehen.

Rom und Jerusalem ist ein sperriges Buch, in dem sich das für die Formationsphase von Nationalbewegungen typische Pathos, ein schillernder Rassebegriff und manche Fehleinschätzung des internationalen Mächtespiels mit hellsichtigen Diagnosen zur Lage der Juden in Deutschland und Europa verbinden, die vom weiteren Verlauf der Geschichte teils in erschreckender Weise bestätigt wurden. Die deutsch-jüdische Szene bildet die Negativfolie, vor deren Hintergrund Hess seine Gedanken entwickelt. Spinoza ist dabei ein Leitmotiv der Schrift, die formal die erratische Existenz des gelehrten Autodidakten widerspiegelt und inhaltlich um das Spannungsverhältnis von jüdischer Religion und jüdischer Nation kreist.

Dass das Werk im Zeichen der Säkularisierung steht, deutet schon sein Titel an. Zum Vorbild für die »nationale Wiedergeburt Israels« nahm Hess nämlich die Wiedergeburt Italiens, das 1861 als konstitutionelle Monarchie zur nationalen Einigung gelangt war. »Rom« symbolisiert gleichzeitig die Herrschaft der Religion, die im »Völkerfrühling« seit der Französischen Revolution überwunden werde; mit der »Befreiung der ewigen Stadt an der [sic] Tiber« beginne »auch jene der ewigen Stadt auf Moria«, dem biblischen Tempelberg: »Auch Jerusalems verwaiste Kinder werden Teil nehmen dürfen an der großen Völkerpalingenesis, an der Auferstehung aus dem totenähnlichen Winterschlaf des Mittelalters mit seinen bösen Träumen.«

Hess' Verhältnis zur jüdischen Religion ist jedoch keineswegs nur negativ. Schließlich habe sich in ihr das jüdische Volk »seine Nationalität konserviert« – ja noch grundsätzlicher: Die jüdische Religion sei vor »allen Dingen jüdischer Patriotismus«, ein »aus Familientradition sich fortbildender nationaler Geschichtskultus«.

Eine solche Lesart des Judentums war damals alles andere als verbreitet, zumal der Autor in seinem Werk die biologische Abstammung, die »Rasse«, zum ausschlaggebenden Kriterium einer Nation erhob. Er stellte sich damit in Widerspruch sowohl zur traditionellen Orthodoxie als auch zur seinerzeit unter den deutschen Juden im Aufschwung begriffenen Reformbewegung, die auf eine Konfessionalisierung des Judentums hinwirkte. Gegen die »›Reformatoren‹«, die sich »von der jüdischen Nationalität ›emanzipiert‹« hätten, führt Hess nun sein philosophisches Schwergewicht in den Ring: »*Spinoza* faßt noch das Judentum als Nationalität auf und meint (vgl. den Schluß des dritten Kapitels seines theologischen Traktates) die Wiederherstellung des jüdischen Reiches hänge lediglich von dem Mute des jüdischen Volkes ab.« Wie schon Yirmiyahu Yovel festgestellt hat, war Hess damit wahrscheinlich der Erste, der jene Zeilen aus Spinozas 1670 anonym erschienenen *Theologisch-politischen Traktat* »modern zionistisch« las. Der Letzte war er jedenfalls nicht.

Spinoza ging es in seinem Kapitel »Von der Berufung der Hebräer und ob die Prophetengabe ihnen allein eigen gewesen« darum zu zeigen, dass sich »hinsichtlich des Verstandes und der wahren Tugend kein Volk vom anderen unterscheidet und deshalb auch in dieser Hinsicht keines vor dem anderen von Gott auserwählt ist« (TTP, 64). Von einer spezifischen göttlichen Auserwähltheit der Juden – die in Anbetracht der im Traktat entfalteten Bibelkritik und des spinozistischen Gottesbegriffs ohnehin metaphorisch verstanden werden muss – könne nur in Hinsicht auf die staatliche und gesellschaftliche Verfassung der alten Hebräer innerhalb der biblischen Geschichte gesprochen werden, nicht aber in überzeitlichem Sinne. Dass die Juden sich dennoch über die Jahrhunderte der Zerstreuung ihre Eigenständigkeit bewahrten, begründet Spinoza positiv mit dem »Zeichen der Beschneidung, das sie gewissenhaft beobachten«, und – mehr noch – negativ mit dem »Haß der Völker« (der ihm von seiner sephardischen Familiengeschichte her bekannt war). Eine Nation als biologische Abstammungsgemeinschaft im Sinne von Hess war damit zwar nicht fixiert, aber durch die Betonung einer nicht notwendigerweise an religiöses Bekenntnis gebundenen historischen Kontinuität der Juden immerhin diskursiv ermöglicht worden. Es ist dieser Kontext, in dem die von Hess und später noch von anderen beschworenen Zeilen erscheinen:

> »Ja, wenn die Grundsätze ihrer Religion ihren Sinn nicht verweichlichen, so möchte ich ohne weiteres glauben, daß sie einmal bei gegebener Gelegenheit, wie ja die menschlichen Dinge dem Wechsel unterworfen sind, ihr Reich wieder aufrichten und daß Gott sie von neuem auserwählt.« (TTP, 63)

Beiläufige Bemerkungen entfalten oft große Wirkungen, auch in anderer Richtung als vom Autor intendiert. Was schon an sich keineswegs als Prophezeiung oder gar Wunschvorstellung, sondern als bloße Möglichkeit formuliert war, hatte einen konkreten historischen Hintergrund: Als er mit der Arbeit an dem Traktat begann, war Spinoza mit der Bewegung des Sabbatai Zwi konfrontiert, der als falscher Messias für große Aufwallungen in den jüdischen Gemeinden der Levante und Europas sorgte. So richtete etwa Spinozas Korrespondenzpartner Heinrich Oldenburg 1665 an ihn die Frage, was er von dem »Gerücht von der Rückkehr der mehr als 2000 Jahre zerstreuten Juden in ihr Vaterland« halte (Ep., 153). Eine Antwort Spinozas ist nicht als Brief überliefert; die zitierten Zeilen können jedoch mit guten Gründen als Reaktion auf den

»mystischen Messias« (Gershom Scholem) gelesen werden. Mit der kontrafaktischen, aber dennoch im Bereich der Realgeschichte verbleibenden Abwägung verpackte er seine strikte Absage an messianische Endzeitvorstellungen, um die es ihm in erster Linie ging. Spinozas zeitgenössischer Adressat, der »philosophische Leser« (TTP, 12), sollte dies so verstanden haben. Die Hermeneutik des Moses Hess ließ sich in ihrem protozionistischen Vorverständnis durch derlei textgeschichtliche Zusammenhänge indes ebenso wenig beirren wie durch die Tatsache, dass Spinoza sich an keiner anderen Stelle innerhalb seiner Werke abermals in ähnlicher Richtung äußerte.

Hess begnügte sich in *Rom und Jerusalem* nicht damit, Spinoza zum Vordenker des jüdischen Nationalismus zu machen. Eine noch entscheidendere Rolle kam dem Philosophen bei der universalen Sinngebung zu, die Hess an der jüdischen Geschichte vornahm. Der universale Aspekt verlieh seinem Programm nicht nur zusätzliche Legitimation, sondern stellte auch die Verbindung zu seinen früheren (und späteren) Bemühungen um den Sozialismus dar: »Wenn ich für die Wiedergeburt meines eigenen Volkes arbeite, so habe ich darum meine humanitären Bestrebungen nicht aufgegeben.« Hess' emphatisches Abheben auf die jüdische Geschichte zielte also sowohl nationsstiftend nach innen als auch heilstiftend nach außen. Dazu bediente sich der Autor eines höchst eigenwilligen Kunstgriffs: Er stellte Spinozas Philosophie der Immanenz im Gegensatz zur traditionellen Sichtweise nicht als Abweichung vom Judentum, sondern als dessen eigentlichen Wesenskern, ja »letzte Manifestation« dar:

»Die Lehre Spinozas, das Produkt des jüdischen Genius und der modernen Wissenschaft, steht nicht im Widerspruch mit der jüdischen Einheitslehre, sondern höchstens mit der rationalistischen und supernaturalistischen Auffassung derselben. Was die jüdische Offenbarung seit Moses betont, ist nicht die Transzendenz im Gegensatz zur Immanenz, sondern die Einheit im Gegensatz zur Vielheit des schöpferischen Wesens. [...] Nicht im Himmel und nicht in der Ferne ist nach Moses die Gotteslehre zu suchen, sondern Gott offenbart sich in uns selbst, in unserem Geiste und Herzen.«

Hess holte so nicht nur den exkommunizierten Spinoza in die nunmehr national gedachte Gemeinschaft heim, er ebnete mit ihm auch die Bahn für die universale Mission, die er dem Judentum bereits (weiter vorn im Text) zugewiesen hatte. Bis zur Französischen Revolution sei das jüdische Volk das »einzige Volk der Welt« gewesen, das »zugleich einen nationalen und humanitären Kultus hatte«. Durch das Judentum sei »die Geschichte der Menschheit eine ›heilige Geschichte‹ geworden.« Hiermit knüpfte Hess an sein sozialistisches Frühwerk an, das für das Verständnis von *Rom und Jerusalem,* zumal was die Schlüsselrolle Spinozas anbelangt, unabdingbar ist.

Jenes 1837 erschienene Frühwerk, *Die heilige Geschichte der Menschheit,* ist unverkennbar ein Produkt der gesellschaftskritischen Oppositions- und Revolutionsstimmung des Vormärz und gilt gemeinhin als überhaupt erstes sozialistisches Buch Deutschlands. Es erschien anonym, und statt des Autorennamens trug es den Untertitel *Von einem Jünger Spinozas.* Worum handelte es sich dabei? »In diesen Blättern wird der Versuch gemacht, Ordnung in das Chaos zu bringen, der erste Versuch, die Weltgeschichte in ihrer Ganzheit und Gesetzmäßigkeit aufzufassen«, lautete die Absichtserklärung, die Hess in einer Zwischenrede einschob. Er lieferte damit eine geradezu klassische Beschreibung dessen, was man gemeinhin unter Geschichtsphilosophie versteht.

Recht vermessen war es freilich, wenn Hess sechs Jahre nach Hegels Tod für sich in Anspruch nahm, erstmalig eine Philosophie der Weltgeschichte vorgelegt zu haben.

Die nach wie vor eindringlichste Grundsatzkritik der philosophischen Suche nach dem Sinn in der Geschichte stellt Karl Löwiths 1949 im amerikanischen Exil veröffentlichtes Werk *Meaning in History* (dt. 1953: *Weltgeschichte und Heilsgeschehen*) dar. Löwith erbrachte hier den Nachweis, dass »die moderne Geschichtsphilosophie dem biblischen Glauben an eine Erfüllung entspringt und dass sie mit der Säkularisierung ihres eschatologischen Vorbildes endet«. Sein resoluter Gang durch die Entwicklung okzidentaler Geschichtsdeutung in umgekehrter Reihenfolge deckt einen Verblendungszusammenhang auf, der aus einer unentschiedenen Vermischung von antikem und christlichem Erbe, von Vernunft und Glauben resultiert, die beiden Seiten nicht gerecht wird.

Spinoza kommt in Löwiths Darstellung aus gutem Grunde an keiner Stelle vor. Denn Geschichte spielt in seinem Denken keine tragende Rolle. In dieser Hinsicht gehört er noch ganz dem 17. Jahrhundert an. Noch weniger vertritt er eine Geschichtsphilosophie, deren theologische Voraussetzungen er schlechterdings unterhöhlt. Wie Wilhelm Jacobs herausgearbeitet hat, lassen sich bei Spinoza zwar durchaus Ansätze zu einem modernen Verständnis von Geschichte finden, etwa in Richtung einer von Affekten befreienden »Erklärung eines gegenwärtigen Vorgangs durch Rückführung auf frühere Vorgänge, die aus der menschlichen Natur folgen«. Jedoch sperrt sich sein Denksystem prinzipiell gegen jegliche geschichtsphilosophische Anverwandlung. Teleologie, die Vorstellung von einem auf ein zukünftiges Ziel gerichteten Verlauf der Geschichte im Singular, steht seinem Verständnis diametral entgegen. Dieses kennt nur

Geschichten im Plural, die sich pragmatisch von der Gegenwart her konstituieren. Spinozas Philosophie ist eine »Philosophie im Präsens«.

»Jünger« Hess nahm sich diesen gewichtigen Aspekt von Spinozas Denken nicht nur nicht zu Herzen, sondern schlug mit seiner Geschichtsphilosophie just den heilsgeschichtlichen Pfad ein, der für Spinoza verschlossen war. Die gegenstrebige Aneignung wurde noch dadurch gesteigert, dass dem »Meister« – wie er im Buch meist genannt wird – selbst eine sakrale Schlüsselposition innerhalb des eschatologisch begriffenen Geschichtsprozesses zugewiesen wurde. *Die heilige Geschichte der Menschheit* besteht aus drei Hauptperioden, die im ersten Teil des Buches über »Die Vergangenheit als Grund dessen, was geschehen wird« dargestellt werden. Die Weltgeschichte verläuft unter den Vorzeichen der Offenbarungsgeschichten von »Gott, dem Vater«, »Gott, dem Sohn« und »Gott, dem heiligen Geist«. »Jesus Christus, der Gottmensch« fungiert in Hess' organischer Geschichtslehre als der »Mittler zwischen Gott, dem Vater, der Lebenswurzel, und Gott, dem heiligen Geiste, der Lebensfrucht«, die durch Spinoza personifiziert ist. »Als unser Meister erschien, hatte Christus gesiegt«, heißt es hier. »Mit unserem unsterblichen Lehrer ward der Keim der neuen Zeit gelegt; es begann mit ihm die Offenbarungs-Geschichte von Gott, dem heiligen Geiste, oder die reingeistige Erkenntnis Gottes.« Dabei hob Hess ausdrücklich auf die jüdische Herkunft sowohl von Jesus als auch von Spinoza ab und ordnete sie in die weltgeschichtliche Mission der Juden ein, die »unter allen Völkern das heilige Mittelwesen« seien, »in dem sich die Einheit, das Wesen Gottes offenbarte«:

»Dieses Volk war vom Anfange an berufen, die Welt zu erobern, nicht wie das heidnische Rom durch die Kraft seines Armes, sondern durch die innere Tugend seines Geistes. Es selbst wandelte, wie ein Geist, durch die Welt, die es eroberte, und seine Feinde vermochten es nicht zu vernichten, weil ein Geist unangreifbar ist. Schon hat dieser Geist die Welt durchdrungen; schon sehnt sich dieselbe nach einer Verfassung, die der alten Mutter würdig ist. Sie wird erscheinen, diese neue heilige Verfassung; das alte Gesetz wird verklärt wieder auferstehen.«

Dass Hess auf diese Weise die Heilsgeschichte der Menschheit mit der jüdischen Geschichte verknüpfte, kann man mit Avineri als »programmatische Revolution innerhalb der modernen europäischen Historiographie« betrachten. Schließlich hatte diese stets die alten Griechen und Römer und danach das Christentum als die wesentlichen Etappen der Weltgeschichte gezeichnet und das Judentum marginalisiert. Die Gestalt, die Hess dem Geschichtsprozess zuweist, wirft ihn wiederum mit voller Wucht in den Hauptstrom der abendländischen Geschichtsphilosophie zurück.

Die verzeitlichte Dreifaltigkeit der *heiligen Geschichte* findet ihren geistigen Ahnen in Joachim von Fiore (um 1130–1202), der als Erster eine systematische Geschichtstheologie aus der christlichen Trinitätslehre entwickelte. In der katastrophischen Mitte des 20. Jahrhunderts arbeiteten nicht zuletzt deutsch-jüdische Denker ihre langfristig wirksame soziale und geistige Sprengkraft heraus. Ernst Bloch bemühte sich 1937 darum, dieses »diesseitige Evangelium« gegen das »Dritte Reich« seiner Zeit in Schutz zu nehmen. Für ihn lag die »eigentliche Kühnheit« des kalabrischen Abts darin, »die aufs Jenseits fixierten Blicke auf eine irdische Zukunftszeit gerichtet« und »sein Ideal nicht im

Himmel, sondern auf der Erde erwartet« zu haben. Für Karl Löwith, dessen oben erwähntes Werk in gewisser Weise um Joachim von Fiores Heilsgeschichte kreist, steht es außer Frage, das »er den Enthusiasmus des frühen Christentums neu aufflammen ließ und indirekt die Fortschrittsreligion der Neuzeit bedingt hat«. Joachims »innerhalb der Grenzen eines eschatologischen Glaubens und im Hinblick auf ein vollkommenes klösterliches Leben verkündete Umwälzung« wurde, so Löwith, »fünf Jahrhunderte später von einer philosophischen Priesterschaft aufgegriffen, die den Prozeß der Säkularisation als eine ›geistige‹ Verwirklichung des Reiches Gottes auf Erden deutete«. Dass Hegels Dialektik als moderne Variante des joachimitischen Dreischritts zu betrachten sei, brachte auch der junge Jacob Taubes in seiner Dissertation zur abendländischen Eschatologie zum Ausdruck.

Mit Hegel schließt sich wiederum der Kreis zu Spinoza. Denn Hegel übersetzte nicht nur christliche Heilslehre in säkulare Philosophie, sondern verankerte auch eine neue Variante des Spinozismus im mitteleuropäischen Denken seiner Zeit, indem er die Immanenz als Wesenskern von Spinozas Philosophie in kritischer Absetzung historisch-dialektisch uminterpretierte, »die Gegenwart Gottes, das pantheistische Element bei Spinoza, von der Natur auf die menschliche Geschichte als ein höheres und umfassenderes Reich der Wirklichkeit« übertrug. Dadurch heiligte er »stillschweigend Geschichte, während er die Natur, die Spinoza als mit Gott identisch erklärt hatte«, entheiligte (Yovel). Dass es dieser hegelianische Spinoza ist, der auch der *Heiligen Geschichte* des Moses Hess zugrunde liegt, lässt sich etwa an folgender Textstelle erkennen:

»Der alte Bund war der Keim des gesellschaftlichen Lebens; die Frucht sollte der neue Bund der Menschheit sein. Jehova, sofern er blos [sic] der Gott oder die Einheit der Nation war, musste dem Gotte der Menschheit, so wie der sich Gott im Bilde vorstellende Monotheismus dem idealen Pantheismus weichen.«

Der »Pantheismus« Spinozas – er selbst verwendete den Begriff nicht – kann als solcher nicht mehr für selbstverständlich genommen werden. Vielmehr ist er im Kontext der deutschen Spinoza-Rezeption seit dem ausgehenden 18. Jahrhundert zu sehen. Stellte die berühmt gewordene Formel »deus sive natura« aus der *Ethik* eine Vergöttlichung der Natur als immanent Seiendem oder nicht vielmehr eine Verweltlichung und damit letzten Endes Aushöhlung des Gottesbegriffs dar?

Seit Friedrich Heinrich Jacobi in den 1780er Jahren den »Pantheismusstreit« begonnen hatte, war Spinoza ins Zentrum der deutschen Literatur und Philosophie gerückt, mit starkem Widerhall im Idealismus, in der Naturphilosophie und weit darüber hinaus. Die Spinoza-Renaissance war die unbeabsichtigte Folge von Jacobis Enthüllung gegenüber Mendelssohn, Lessing habe ihm kurz vor seinem Tod seinen Spinozismus gestanden; dieser war für Jacobi dabei nichts anderes als Atheismus. Neben Mendelssohn, der nun seinen verstorbenen Freund und in gewisser Weise auch sich selbst gegen diesen Vorwurf verteidigen musste, sah sich auch Kant in die Defensive gedrängt.

Von Beginn an in die Affäre verwickelt war auch Goethe, dessen Gedicht *Prometheus* Jacobi seiner 1785 veröffentlichten Dokumentation *Über die Lehre des Spinoza in Briefen an den Herrn Moses Mendelssohn* eigenmächtig beigefügt hatte, da Lessing ihm bei einem Gespräch über dieses Gedicht fünf Jahre zuvor seine spinozistische Weltsicht offenbart habe. *Prometheus* handelt zwar nicht direkt von Pantheismus, signalisiert aber, als notwendige Vorstufe dazu, die Absage des schöpfenden autonomen Künstlerindividuums an eine personalisierte Gottesvorstellung: Nicht Gott schuf den Menschen nach seinem Bilde, sondern umgekehrt der Mensch sich seinen Gott. Goethe war zeitlebens tief von der Idee des All-Einen durchdrungen; noch in *Dichtung und Wahrheit* bekannte er sich in aller Deutlichkeit zu seiner »Wahlverwandtschaft« mit Spinoza als dem »Geist, der so entschieden auf mich wirkte, und der auf meine ganze Denkweise so großen Einfluss haben sollte«.

Goethes Spinozismus wirkte allseits inspirierend. »Die Lehre des Spinoza hat sich aus ihrer mathematischen Hülle entpuppt und umflattert uns als goethisches Lied« – so hübsch hat Heinrich Heine in *Zur Geschichte der Religion und Philosophie in Deutschland* die allgemeine Wirkung dieser Wahlverwandtschaft beschrieben. In seiner brillanten Schrift von 1835 konnte Heine von Spinoza bereits als dem Denker sprechen, der »in unseren heutigen Tagen zur alleinigen Geistesherrschaft emporsteigt«, und den Pantheismus als »die verborgene Religion Deutschlands« bezeichnen. Wie weit diese Diagnose für die damalige Zeit trägt, lässt sich an einem Ort erkennen, an dem spinozistische Einflüsse kaum erwartet würden. So beginnt Bismarck seine *Gedanken und Erinnerungen* lapidar: »Als normales Product unsres staatlichen Unterrichts verließ ich Ostern 1832 die Schule als Pantheist« (nur wenige Wochen vor dem Schulabgang des späteren Reichsgründers war Goethe gestorben). Die deutsche Spinoza-Obsession war dabei an kein politisches Lager gebunden; auch der junge Marx zeigte sich stark von ihm beeinflusst.

Für säkular erzogene Juden stellte Spinoza somit einen wichtigen Anknüpfungspunkt an die deutsche Kulturszene dar – als universal denkender und allgemein Anklang findender, gleichwohl nicht getaufter Philosoph jüdischer Herkunft. Mit ihm hoffte man auch Nichtjuden vom Reichtum der Tradition überzeugen zu können, der man selbst entstammte. Die deutsch-jüdische Wahlverwandtschaft mit Goethe verband sich mit dessen Wahlverwandtschaft mit Spinoza zu einer rezeptionsgeschichtlichen Dreiecksbeziehung.

So wird denn auch ersichtlich, dass Hess mit seiner Erhebung Spinozas in den jüdischen Ritterstand keineswegs allein stand, sondern einer bereits bestehenden intellektuellen Entwicklung folgte. Deutliche Spuren davon sind schon in der stark von Hegel beeinflussten und in der Anfangszeit auch von Heine mitgetragenen Wissenschaft des Judentums zu erkennen, die 1819 mit der Gründung des Vereins für Cultur und Wissenschaft der Juden offiziell ins Leben gerufen wurde. Immanuel Wolf erklärte 1822 in seinem einleitenden Aufsatz zur ersten Ausgabe der Vereinszeitschrift die »Idee der unbedingten Einheit im All« zur religiösen Grundidee des Judentums. »Nach der Weise des reinen Denkens der Spekulation, d. i. reinwissenschaftlich« sei das Judentum erstmals im System Spinozas dargestellt worden, »dessen Scharfsinn und Tiefe Jahrhunderten vorauseilten, dessen höchst bedeutender Einfluß auf die consequentere und tiefere Philosophie heutiger Tage unverkennbar ist, der sich zwar vom äußeren Ritus des Judenthums losgesagt, aber dafür dessen innern Geist um so lebendiger begriffen« habe. Wenn Wolf betont, dass sich das Judentum also »in dem größten Theile der Weltgeschichte, als bedeutendes und einflußreiches Moment der Entwicklung des menschlichen Geistes« zeige, schließt er gleich darauf ganz hegelianisch, dass einzelne historische Begebenheiten »nur Manifestationen des sich bewegenden und entwickelnden Geistes« seien, und »eben die stufenweise Entwickelung des lebendigen Geistes« den »lehrreichen Inhalt der Weltgeschichte« ausmache, »durch den allein ein richtiges Begreifen der Vergangenheit und Gegenwart möglich wird«.

Einen kongenialen Gesprächspartner in Sachen Spinoza fand Hess in seinem Freund Berthold Auerbach (1812–1882). Der deutsch-jüdische Schriftsteller, der als Autor der zwischen 1843 und 1854 erschienenen *Schwarzwälder Dorfgeschichten* die gelungene Integration der Juden in die Mehrheitsgesellschaft seinerzeit regelrecht zu verkörpern schien, legte 1841 eine Übersetzung von Spinozas Werken ins Deutsche vor. Fünf Jahre zuvor, als Hess an seiner *Heiligen Geschichte* schrieb, hatte Auerbach seinen ersten Roman veröffentlicht, eine literarisch frei ausgestaltete Biografie Spinozas. Auch hier wurde das pantheistische ebenso wie das jüdische Element des Philosophen stark gemacht und ihm zugleich ein hegelsches Geschichtsverständnis untergeschoben. So legte Auerbach seinem Protagonisten die folgenden Worte in den Mund: »Vielleicht ist mir das Judentum wie das aus ihm hervorgegangene Christentum eine Entwicklungsstufe des Geistes, auf die eine andere folgt.« Das Buch schließt mit einem Epilog, in dem Spinoza des Nachts Ahasver erscheint, der wandernde Jude aus christlicher Legende, um ihm zu versichern: »Du bist gekommen zu werden der Erlöser der Menschheit, auch mich wirst du erlösen.«

Diese doppelte Erlöserfunktion war es, die auch Hess Spinoza in der *Heiligen Geschichte* zuwies. Als er sie verfasste, war ihm nicht der jüdische Nationalgedanke, sondern der Sozialismus beziehungsweise die soziale Demokratie das politische Ideal. Davon zeugt der zweite Teil des Buches, der unter saint-simonistischen Vorzeichen dem Problem der Ungleichheit unter den Menschen als Folge des historischen Erbrechts gewidmet ist. Das »neue Jerusalem«, das Hess als Ziel beschreibt, liegt dabei nicht etwa im Heiligen Land, sondern »im Herzen Europas«. Es ist die Verbindung von Deutschland als dem »Land der großen geistigen Kämpfe« und Frankreich als dem »der welthistorischen, politischen Revolutionen«, die Verbindung von Geist und Politik. Von Frankreich werde die »ächte Politik«, von Deutschland die »wahre Religion« ausgehen. In Form dieses »neuen Jerusalems« sieht Hess »das Wort des Meisters zur That« werden:

> »Geläutert ist das alte Gesetz, dessen Leib mit Christus begraben wurde, in Spinoza wieder auferstanden. Der Keim eines neuen heiligen Bundes liegt in des Meisters Heilslehre. [...] Die Spaltung, die nach dem Untergange des jüdischen Staates in der Menschheit entstanden ist, wird nicht ewig dauern. Religion und Politik werden wieder Eins werden, Kirche und Staat sich wieder gegenseitig durchdringen.«

Nun hatte Spinoza niemals einer derartigen Verbindung von Staat und Religion das Wort geredet, sondern ganz im Gegenteil der Regierungsgewalt ausdrücklich »auch das geistliche Recht«, den »äußeren religiösen Kult« untergeordnet (TTP, 285). Sein auf der »Macht der Menge« *(multitudinis potentia)* beruhendes Politikverständnis, wie es am deutlichsten in seinem unvollendet gebliebenen und erst 1677 postum veröffentlichten *Tractatus politicus* zum Ausdruck kommt (TP, 29), war nicht theologisch, sondern ontologisch begründet. Der Religion wird hier allein die formale Funktion der Machtvermittlung gegenüber dem unvernünftigen Volk *(vulgus)* zugebilligt. Von

Hess' messianischer Polittheologie, die im Übrigen ein mehr christliches denn jüdisches Gepräge aufweist, war dies weit entfernt.

Zwischen den Schriften *Die heilige Geschichte der Menschheit* und *Rom und Jerusalem* lag ein Vierteljahrhundert, in dem Hess' politische Zielsetzungen durch das Scheitern der Revolution von 1848 einen schweren Rückschlag erlitten. Zudem stellte die Gleichgültigkeit der europäischen Mächte im Anschluss an die Damaskusaffäre von 1840, da es nach einer Ritualmordanklage gegen die Juden in der syrischen Hauptstadt zu einer antijüdischen Gewaltwelle im Orient gekommen war, ein negatives Fanal dar, das noch in *Rom und Jerusalem* seinen expliziten Nachhall fand.

Hier hatte sich, was die wundersame Transfiguration Spinozas zum Geschichtspropheten angeht, nichts verändert. Verändert hatte sich hingegen die Zielrichtung der heilsgeschichtlichen Auffassungen von Moses Hess, insofern sein einstiger Universalismus eine nationaljüdische Transformation durchlief; wobei das partikulare Heil das universale Heil nicht verdrängte, sondern dieses an jenes rückgebunden wurde. Vor dem Hintergrund seiner Erfahrungen mit dem aufkeimenden deutschen Antisemitismus setzte Hess an die Stelle eines durch Spinozas Philosophie geschlossenen Bundes zwischen Frankreich und Deutschland nun den Bund zwischen Frankreich und den Juden – mit der Aussicht auf eine koloniale Kooperation in Palästina als deren angestammter Heimat. Auch für dieses protozionistische Vorhaben wollte er Spinoza auf seiner Seite wissen.

In einer kuriosen ideengeschichtlichen Wendung fiel so ausgerechnet Spinoza die Schlüsselrolle bei dem zu, was auf eine Profanierung des Judentums durch nationale Sakralisierung der jüdischen Geschichte hinauslief.

Die geschichtsphilosophische Denkbewegung des Moses Hess stellt ein frühes Paradebeispiel dafür dar, wie die Geschichte im 19. Jahrhundert zum »Glauben ungläubiger Juden« (Yosef Hayim Yerushalmi) geworden war. Zugleich verweist sie auf das eschatologische Erbe der abendländischen Säkularisierung, das Spinoza konterkarierte.

Unmittelbar und langfristig wirkende Akzente bei der modernen Deutung jüdischer Vergangenheit gingen von dem Historiker Heinrich Graetz (1817–1891) aus. Dass dieser in enger Beziehung zu Hess und seinem Werk stand, ist ein zwar bekanntes, doch selten ausreichend gewürdigtes ideengeschichtliches Faktum. Für die Stellung Spinozas im nationaljüdischen Geschichtsbild erwies sich dies als keineswegs unerheblich. Graetz wandte sich Spinoza erst spät und weit zurückhaltender als Hess zu. Seine Brückenfunktion innerhalb der zionistischen Spinoza-Rezeption erschließt sich so auch nicht auf den ersten Blick.

In der preußischen Provinz Posen in ein religiöses Elternhaus geboren und seit jungen Jahren Samson Rafael Hirschs neoorthodoxer Opposition gegen die Reformbewegung verbunden, wurde Graetz nach seinem Studium an der Universität Breslau und der Promotion in Jena 1853 als Dozent für jüdische Geschichte an das Jüdisch-Theologische Seminar in Breslau berufen. Von hier aus avancierte er mit seiner zwischen 1853 und 1876 in elf Bänden erschienenen *Geschichte der Juden* zu dem bis heute »wohl meistgelesenen Historiker jüdischer Geschichte« (Michael Brenner). Grund dafür ist nicht nur seine beeindruckende Syntheseleistung, sondern vor allem auch sein neuartiges Verständnis dessen, was man sich eigentlich unter jüdischer Geschichte und damit auch unter dem jüdischen Kollektiv vorzustellen habe.

Graetz' Bedeutung für den jüdischen Nationalgedanken hatte schon Moses Hess erkannt. In *Rom und Jerusalem* kommt Graetz als der »hervorragendste moderne jüdische Historiker« ausführlich zu Wort. Im Vorwort zitiert Hess begeistert aus der Einleitung zum fünften, die Zeitspanne zwischen 500 und 1027 behandelnden Band der *Geschichte der Juden* (zuvor waren lediglich der vierte und der dritte Band erschienen). Graetz betont hier den unverändert »*nationalen* Charakter« der »Geschichte des nachtalmudischen Zeitraums« und bezeichnet die jüdische Geschichte insgesamt als »Geschichte eines Volksstammes«, die nicht auf »bloße Literatur- oder Gelehrtengeschichte« und ebenso wenig auf das »hochtragische Märtyrologium«, also die Leidensgeschichte der Juden, zu reduzieren sei. Für die nationale Konversion, die Hess zu jener Zeit durchlief, wirkte das Werk wie ein Katalysator.

Die intellektuelle Liebe auf den ersten Blick war gegenseitig. Graetz hatte das Manuskript von *Rom und Jerusalem* bereits 1861 im Hause des Leipziger Rabbiners Abraham Meyer Goldschmidt gelesen, an dessen Institut zur Förderung der israelitischen Literatur sich Hess zwecks Förderung der Drucklegung gewandt hatte. Umgehend nahm der Historiker Kontakt mit dem Autor auf und berichtete ihm euphorisch von den »Eindrücken, den Gefühlen und dem Gedankennachhall«, die die Lektüre in ihm wachgerufen habe. Das Buch müsse »ein neues Ferment in den faulen Zuständen werden«. Dabei betonte er gleich eingangs: »Da Sie Einiges von mir gelesen, und ich Ihrem Gedankengange nachhänge, so sind wir einander nicht so fremd, um die Formalitäten von einzugehender Bekanntschaft zu gebrauchen.«

In der Tat sind die Übereinstimmungen im historischen Denken von Graetz und Hess bemerkenswert. Beide Autoren argumentieren in Opposition zur politischen Entwicklung Deutschlands, dem sie gleichzeitig ihre philosophische Prägung verdanken. So teilte Graetz im März 1864 seinem Freund mit, wie dieser ihn mit seinem »Deutschenhaß« angesteckt habe, um einige Zeilen später in Bezug auf die Reformation ein Kernkonzept der hegelschen Geschichtsphilosophie ins Feld zu führen: »Der Weltgeist hat diese großartige Geschichte gemacht, die Deutschen waren kaum Werkzeuge dazu.«

Wie viel Hegel in Graetz zu finden ist, zeigt sich in seiner 1846 veröffentlichten »Skizze« *Die Konstruktion der jüdischen Geschichte,* einer geschichtsphilosophischen Wesensbestimmung des Judentums im Geiste des deutschen Idealismus. Durchaus dialektisch denkend geht er davon aus, dass die jüdische Geschichte »in allen ihren Phasen, selbst in den scheinbaren Irrgängen des Zufälligen, eine einheitliche Idee versichtbart«. Diese Grundidee ist für ihn die »Verbindung des Religiösen und Politischen, die Einheit der überweltlichen Gottesidee und des Staatslebens«. Die Parallele zu Hess, die bereits in diesem Punkt zu erkennen ist, wird umso deutlicher, als auch Graetz' nationaljüdische Geschichte wie die universal-jüdische *Heilige Geschichte der Menschheit* einem Drei-Phasen-Modell des Geschichtsprozesses folgt (ohne allerdings wie diese den Charakter christlicher Trinität anzunehmen). So habe der »Geschichtsverlauf des Judentums drei Momente in die Erscheinung gesetzt« – das »politische-soziale in der ersten vorexilischen Periode«, das »religiöse in der nachexilischen« und schließlich das »theoretisch-philosophische in der letzten diasporischen Periode«, wobei Letztere wiederum durch drei Phasen gekennzeichnet sei.

Eine weitere Parallele zu Hess ist das protozionistische Element, das im geschichtsphilosophischen Grundriss des damaligen Studenten verborgen liegt. Denn für

Graetz stehen »die Tora, die israelitische Nation und das heilige Land« in einem »magischen Rapport«. Ohne den »festen Boden des Staatslebens« gleiche das Judentum »einem innerlich ausgehöhlten, halbentwurzelten Baume, der nur noch in seiner Krone Laub treibt, aber nicht mehr imstande ist, Äste und Zweige schießen zu lassen«. Anders als in *Rom und Jerusalem* sind bei Graetz daran keine konkreten territorialpolitischen Aspirationen geknüpft. Wie sich die nationale Zukunft der Juden in der Moderne gestalten soll, lässt er offen – auch für eine zionistische Lesart.

Ein gewichtiger Unterschied zwischen Graetz und Hess betrifft die Rolle Spinozas im historischen Prozess der jüdischen Selbstwerdung. Im Gegensatz zu dessen Verklärung bei seinem späteren Bundesgenossen steht der junge Graetz dem Philosophen fern. Allenfalls billigt er ihm implizit antithetische Bedeutung zu, wenn er unter Verweis auf die »Skeptiker und Apostaten« der diasporischen Periode die Skepsis als »notwendige Ingredienz in dem Läuterungsprozesse des Wissens« bezeichnet. Doch ist es gerade der »breite Gegensatz der Geistesreligion gegen die Naturreligion, der göttlichen Transzendenz gegen die Immanenz«, worin für ihn der Wesenskern des Judentums besteht. Auch da, wo Graetz schreibt, das Judentum sei seinem Grundprinzip nach »ein Protest gegen das in Polytheismus oder Pantheismus sich ausprägende Naturbewusstsein«, klingt die Gegnerschaft zum Spinozismus ganz klar durch.

Die Freundschaft mit Hess verlangte Graetz ein neues Nachdenken über Spinoza ab. In seinen Briefen kommt der Philosoph mit zunehmend positiver Konnotation zur Sprache. Im September 1865 klingt es noch recht distanziert, wenn Graetz an Hess schreibt: »Ihnen, den Spinozisten, geht Gott in der Ausprägung einer nationalen

Individualität – ich weiß nicht, soll ich sagen – auf oder unter. Doch genug davon am י"כ.« Mit der hebräischen Abkürzung J.K. ist der jüdische Versöhnungstag (Jom Kippur) gemeint, an dem Graetz nicht weiter streiten wollte. Fast genau drei Jahre darauf entschuldigt er sich bei Hess für eine lange Schreibpause mit den Worten: »Es ist zwar nach dem י"כ, und zu spät um Verzeihung zu bitten, aber für uns ganze – oder dreiviertel Spinozisten ist stets Versöhnungsfest, wie stets Neujahr.« An gleicher Stelle bemerkt er hinsichtlich einer Einleitung, die Hess zu einem von ihm aus dem Französischen übersetzten Buch geschrieben hatte: »Sie sind ein ganzer Spinozist, das bin ich nicht, das ist die Differenz unserer Anschauung.« Aus diesen Zeilen lässt sich bereits eine Aufweichung seiner Gegnerschaft gegenüber Spinoza, wenn nicht gar eine gewisse Annäherung herauslesen. Bezeichnend für sein größeres Verständnis gegenüber dem Philosophen sind aber insbesondere die Ausführungen zu den schädlichen Wirkungen des jüdischen Bannrechts, die Graetz im Juli 1874 einem unbekannten Empfänger übermittelte: Der Bann habe seit dem Tod des Maimonides »viele Wunden geschlagen« und »Apostaten ins Lager der Christen« getrieben, die dann »Ankläger gegen das Judentum und die Juden« geworden seien, »bis Uriel Acosta und Spinoza«.

Bereits in dem 1868 und damit sechs Jahre zuvor erschienenen Band 10 seiner *Geschichte der Juden* hatte Graetz versucht, den Ausschluss Spinozas aus dem Judentum zu relativieren. In zwei gut achtzig Seiten langen Kapiteln widmet sich der Historiker ihm und Sabbatai Zwi, der »zugleich der Gegenfüßler und der Bundesgenosse Spinozas« gewesen sei. Dabei legt er es von Anfang an darauf an, Spinoza in der jüdischen Tradition zu verankern:

»Der jüdische Stamm hatte wieder einmal einen tiefen Denker in die Welt gesetzt, welcher den menschlichen Geist von seinen eingewurzelten Verkehrtheiten und Irrtümern gründlich heilen und ihm eine neue Richtung vorzeichnen sollte, um den Zusammenhang zwischen Himmel und Erde oder zwischen Geist und Körper besser zu begreifen. Wie sein Urahn Abraham wollte dieser jüdische Denker alle Götzen und Wahngebilde, vor welcher [sic] die Menschen bis dahin in Furcht, Gewohnheit und Gedankenträgheit ihre Knie gebeugt hatten, zertrümmern und ihnen einen neuen Gott offenbaren, der nicht in unerreichbarer Himmelshöhe throne, sondern in ihnen selbst weile und webe, dessen Tempel sie selbst sein sollten. Er wirkte wie ein Gewitter, betäubend und niederschmetternd, aber auch reinigend und erfrischend.«

Die im letzten Satz anklingende Ambivalenz gegenüber Spinoza durchzieht auch die darauffolgenden Ausführungen. So erscheint er hier sowohl als »Muttermörder« (am Judentum) als auch als der »große oder richtiger größte Denker seiner Zeit, welcher eine neue Erlösung brachte«. Graetz ringt förmlich damit, einerseits dem »Drang nach Wahrheit«, der den Philosophen »zum völligen Bruche mit der ihm von Jugend auf lieb gewordenen Religion« führte, und andererseits der ihn mit dem Bann belegenden Amsterdamer Gemeinde Gerechtigkeit widerfahren zu lassen.

Diesen Zwiespalt sucht Graetz am Ende aber doch eindeutig zugunsten Letzterer aufzulösen. So behauptet er zum einen, dass die Gemeindevertreter von Spinozas »Feindseligkeit gegen das Judentum um so mehr betroffen« gewesen seien, »als sie sich in dem hochbegabten Jünglinge gewissermaßen gespiegelt und in ihm einst eine feste Stütze für die umlauerte Religion ihrer Väter erblickt« hätten. Zum anderen greift er beherzt in die Tastatur der jüdischen Leidensgeschichte, um dem Abtrünnigen moralisch das Handwerk zu legen. Sei doch »gerade in den Jahren, in welchen sich Spinoza vom Judentum abwendete«, der »Qualm der Scheiterhaufen in mehreren Städten Spaniens und Portugals lichterloh« aufgestiegen. Graetz fragt rhetorisch: »Und alle diese Märtyrer und die tausend noch immer gehetzten jüdischen Schlachtopfer der Inquisition sollten, nach Spinozas Ansicht, einem Wahn nachgejagt haben?«

Der Historiker macht Spinoza sogar ausdrücklich den Vorwurf, die »Scheiterhaufen der Inquisition gegen die Marranen« mit seinem *Theologisch-politischen Traktat* »gerechtfertigt« zu haben. Davon war der Marranen-Sprössling weit entfernt. Seine Religionskritik bot sich keineswegs dazu an, christlicher Judenverfolgung in die Hände zu arbeiten. Schließlich verurteilt er weit weniger den naiven Glauben, der dem Großteil der Menschen aufgrund ihrer eingeschränkten Vernunftbegabung seines Erachtens sittlich sogar zum Vorteil gereiche, als jene Verquickung von Religion und politischer Macht, wie sie gerade in der Inquisition zum Vorschein kam. Wie viele jüdische Kritiker Spinozas verkennt Graetz zudem, dass der in christlicher Machtsphäre Schreibende zwar nicht zuletzt aus Vorsicht mehr das Judentum als das Christentum kritisiert hat, dieses aber, zumal in seiner auf das Schriftprinzip fixierten protestantischen Form, von seinen Argumenten sogar stärker betroffen ist als jenes.

Nein, vollends zum Spinozisten verwandelte sich Graetz hier nicht – bei allem Respekt gegenüber Moses Hess. Das zeigt nicht zuletzt seine Kritik am *Traktat,* den er in erster Linie als verbitterte Reaktion Spinozas auf den Bann darstellt. Gleichwohl sieht er sich zu sehr als Rationalist, um dem Häretiker jeglichen Respekt zu versagen; gesteht er ihm, dessen Geist sich in metaphysischen Untersuchungen als »so sonnenhaft« erwiesen habe, doch prinzipiell den »richtigen Trieb nach Wahrheit« zu. Charakteristisch für das zwiespältige Spinoza-Bild, das Graetz in der *Geschichte der Juden* zeichnet, ist sein abschließendes Urteil über den Philosophen:

»Er hat wider seinen Willen zur Verherrlichung des Stammes beigetragen, den er so ungerechterweise geschmäht hat. Seine riesige Geisteskraft, seine Konsequenz und Charakterstärke werden immer mehr als Eigenschaften anerkannt, die er dem Blute zu verdanken hat, aus dem er sein Dasein hatte.«

Auf diese Weise verwarf der Historiker Spinoza als Abtrünnigen, während er ihn gleichzeitig als großen Philosophen für die jüdische Tradition in Anspruch nahm. Spinoza konnte von nun an als integraler Bestandteil der jüdischen Geschichte und damit auch der jüdischen Nation betrachtet werden.

Inwieweit Graetz damit die weitere Spinoza-Rezeption innerhalb der jüdischen Nationalbewegung prägte, lässt sich nicht eindeutig bestimmen. Am durchschlagenden Erfolg, der seinem Werk auch noch lange nach seinem Tod beschieden war, kann wiederum kein Zweifel bestehen. Unzählige Auflagen und Übersetzungen in alle großen jüdischen Sprachen, nicht zuletzt ins Hebräische, zeugen von seiner langfristigen Wirksamkeit. Und je mehr unter den Lesern der Abstand zur Orthodoxie wuchs, desto mehr musste in ihrem Verständnis die Kritik an Spinozas Religionskritik gegenüber dem positiven Aspekt seiner jüdischen Zugehörigkeit zurücktreten.

Dass dieser positive Aspekt überhaupt in Graetz' Werk angelegt war, ist primär auf den Einfluss von Moses Hess zurückzuführen. Wenngleich er dessen Vereinnahmung Spinozas für einen geschichtsphilosophisch aufgeladenen

Protozionismus nicht folgte, stellte Graetz ein wichtiges Bindeglied dafür dar, den Begründer der Bibelkritik für die zionistische Meistererzählung und die in ihr enthaltene politische Theologie anschlussfähig zu machen, wie es in *Rom und Jerusalem* antizipiert wurde. Als die eigentümliche spinozistische Flaschenpost, die Hess Mitte des 19. Jahrhunderts in den reißenden Strom des Rheins geworfen hatte, im frühen 20. Jahrhundert Palästina erreichte, traf sie jedenfalls auf eine empfängliche Leserschaft unter zionistischen Intellektuellen.

Unser Bruder

»Gelöst ist der Bann! Gewichen ist das Vergehen des Judentums gegen dich! Gesühnt ist deine Schuld ihm gegenüber! Unser Bruder bist du! Unser Bruder bist du! Unser Bruder bist du!«

Mit diesen Worten beschloss Joseph Klausner 1927 an der zwei Jahre zuvor eröffneten Hebräischen Universität Jerusalem einen Festvortrag mit dem Titel »Der jüdische Charakter der Lehre Spinozas«. Sie markieren einen prominenten Höhepunkt zionistischer Spinoza-Verehrung. Feierlicher Anlass war der 250. Todestag des Philosophen. So vehement war dessen Wiederaufnahme in die jüdische Gemeinschaft bis dato noch nicht beschworen worden. Anstelle von Rabbinern zeichnete ein namhafter Gelehrter verantwortlich für den ungewöhnlichen Vorgang. Und statt aus der Synagoge erging die Revokation des Banns »von der Höhe des Skopusberges, aus unserem kleinen Heiligtum«. Dass Klausner von keiner religiösen Autorität zu diesem Schritt legitimiert war, versteht sich von selbst. Auch lag bei so viel Pathos der Spott nicht fern. So erinnerte sich etwa Gershom Scholem, dass viele Zuhörer über den emotionalen Auftritt gelacht hätten. Der in Berlin geborene Kabbalaforscher war ohnehin über die »Schweinerei« erbost, dass man »so einen Mädchenschultertialehrer« wie Klausner als Professor für hebräische Literatur an die neue Universität berufen hatte. Dahinter standen persönliche Animositäten und hochschulpolitische Rivalitäten, die hier nicht weiter interessieren müssen.

Interessant ist hingegen, dass Scholems peinliches Berührtsein angesichts des klausnerschen Mantras zur »Rekommunikation« Spinozas an eine Situation erinnert, die Salomon Maimon (1753–1800) in seiner *Lebensgeschichte* beschreibt. Maimon geht in dieser stilbildenden Autobiografie, die den Weg eines Juden aus der geistigen Enge seiner Herkunftswelt im östlichen Europa in den aufgeklärteren Westen (in diesem Fall Berlin) zum Inhalt hat, exemplarisch auf eine traditionelle jüdische Bußübung ein, deren Zeuge er als Jugendlicher in seiner litauischen Heimat geworden war. Am Ende der Zeremonie wurde einem barfuß am Boden kauernden Sünder von drei Richtern mit dem dreimaligen Ruf »Du bist unser Bruder!« die Nichteinhaltung seiner Gelübde vergeben. Maimon hält dazu fest, bei »dergleichen tragikomischen Szenen« habe er sich »nur mit äußerster Mühe des Lachens enthalten« können und sei von »Schamröte« überfallen worden.

Als radikalster Vertreter der jüdischen Aufklärung (Haskala) war Maimon der wohl erste dem osteuropäischen Judentum entstammende Denker, der nicht nur Kant, sondern auch Spinoza intensiv rezipierte und aus seiner Wertschätzung für ihn keinen Hehl machte. Seine spinozistischen Neigungen waren ein Grund dafür, dass Moses Mendelssohn ihn drängte, Berlin zu verlassen, um die Geduld der dortigen Juden nicht länger zu strapazieren. Der Amsterdamer Bann wurde innerhalb der jüdischen Welt des ausgehenden 18. Jahrhunderts keineswegs als Lappalie betrachtet. Wenn das schon für die preußische Hauptstadt galt, dann erst recht für die Gemeinden im östlichen Europa, wo zu jener Zeit die überwältigende Mehrheit der Juden lebte. In dem guten Jahrhundert, das zwischen Maimon und Klausner liegt, begannen jedoch auch dort immer mehr jüdische Gelehrte sich Spinoza zuzuwenden.

Anders als Maimon, dessen Radikalität in Leben und Denken zum Bruch mit dem Judentum führte, blieben diese östlichen Vertreter der Haskala-Bewegung (Maskilim) ihm innerlich wie äußerlich verbunden. Ihre jüdische Zugehörigkeit nahm allerdings zunehmend säkulare und nationale Formen an. Die politischen und sozialen Bedingungen für Emanzipation und Akkulturation waren in den multinationalen Imperien, wie sie das Russische Reich und die Habsburgermonarchie darstellten, weitaus ungünstiger als in Deutschland und Westeuropa. Das Streben der Maskilim nach kultureller Autonomie ging hier mit einem Phänomen einher, das als »jüdischer Protonationalismus« bezeichnet werden kann. Nicht zuletzt mit ihren Bemühungen um die Erneuerung der hebräischen Sprache, die wiederum kaum von den religiösen Quellen des Judentums absehen konnten, bahnten sie einer Neudefinition der jüdischen Gesellschaft im östlichen Europa den Weg, die sich nicht mehr von einer »religiös-korporativen Identität« ableitete, sondern von einem »sprachlich und kulturell bestimmten Selbstverständnis innerhalb eines multinationalen Reiches« (Israel Bartal). Dieser Gemengelage, die im Zarenreich noch durch wirtschaftliche Not und immer heftigere Wellen antijüdischer Gewalt verschärft wurde, entwuchs die Mehrzahl der zionistischen Akteure, die seit dem anbrechenden 20. Jahrhundert Politik und Kultur des jüdischen Palästina und später des Staates Israel prägten.

Wie Spinoza in diesem Umfeld von einem Abtrünnigen zu einem »Bruder« wurde, soll im Folgenden gezeigt werden. Joseph Klausner war nämlich nur *eine*, wenngleich besonders schrille Stimme innerhalb eines vielstimmigen Chors von Zionisten, die ihr neuartiges säkular-jüdisches Selbstverständnis mit einer Affinität zu dem gebannten Philosophen verbanden.

Über Jahrhunderte hinweg übten Deutsche und Juden auf je eigene Weise eine »Kulturträgerfunktion« im ostmitteleuropäischen Raum aus und standen gemeinsam, wenn auch nicht unbedingt miteinander, im Zusammenhang eines »west-östlichen Kulturverlaufs« (Werner Conze). Schon von daher ist es nicht verwunderlich, dass sich die jüdische Intelligenz Ostmitteleuropas bei ihrer Öffnung hin zu modernem Denken auf weiten Strecken an den geistigen Entwicklungen in Deutschland orientierte. So wenig eigene Traditionen und Prägungen ideengeschichtlich marginalisiert werden dürfen, blieben die Haskala und aus ihr hervorgehende Strömungen doch auf Impulse aus dem deutschen Sprachraum verwiesen. Dieser bildete das ganze 19. Jahrhundert hindurch einen kulturellen Magneten für zu neuen Ufern aufbrechende »Ostjuden« (wie jüdische und nichtjüdische Deutsche sie mit abfälliger Konnotation zu nennen begannen). Die Mitte des 19. Jahrhunderts unter ihnen einsetzende Spinoza-Rezeption war da keine Ausnahme. Auch sie ist ihrem Ursprung nach letztlich auf den Pantheismusstreit der 1780er Jahre und seine Folgen in der deutschen Philosophie und Literatur zurückzuführen. So besehen verstärkt sich der Eindruck, dass der jüdische Spinozismus ein Spross des deutschen Spinozismus war.

Für die Maskilim hat der selbst noch ihrem Milieu entstammende hebräische Schriftsteller und Kritiker Fischel Lachover den Einfluss aus Deutschland als ausschlaggebend herausgearbeitet. Er verweist auf den vom deutschen Idealismus geprägten galizisch-jüdischen Geschichtsphilosophen Nachman Krochmal (1785–1840), der sich zwar vor allem an Hegel orientierte, aber auch Spinoza gegenüber öffnete. Neben Berthold Auerbach mit seinem biografischen Roman sei zudem die linkshegelianische Schule, allen voran der Spinoza-Anhänger Ludwig Feuerbach, auf breite Resonanz in der östlichen Haskala-Literatur gestoßen.

Nicht von ungefähr kamen mit dem Krochmal-Schüler Meir Letteris (um 1800–1871) und Shlomo Rubin (1823–1910) die beiden ersten mit Spinoza sympathisierenden Maskilim von einiger Strahlkraft, die nicht dem Umfeld der Berliner Haskala angehörten, aus Galizien. Das einstmals polnische Territorium war in den seit 1772 vorgenommenen Teilungen Polens dem Habsburgerreich zugeschlagen worden. Zurückgehend auf die Reformen des aufgeklärten Absolutisten Joseph II. entstand hier ein staatliches jüdisches Schulsystem, das seinen Teil dazu beitrug, die Stellung des Deutschen als Bildungssprache unter den dortigen Juden zu stärken.

Sowohl Letteris als auch Rubin verbrachten viele Jahre ihres Lebens in Wien, wirkten jedoch als kulturelle Mittler weit in den ostmitteleuropäischen Raum hinein. Mit ihrem Streben nach einer jüdischen Rehabilitierung Spinozas, das bei Letteris in einer biografischen Darstellung Ausdruck fand und bei Rubin in der ersten hebräischen Übersetzung der *Ethik,* gerieten sie in den 1840er und 1850er Jahren in Konflikt mit einem anderen Untertan des österreichischen Kaisers: dem Triester Rabbiner Samuel David Luzzatto (1800–1865). Der einflussreiche Theologe und Vertreter der Wissenschaft des Judentums stand aufklärerischen Ideen zwar grundsätzlich aufgeschlossen gegenüber, trat aber als entschiedener Gegner Spinozas hervor. Zu Recht erkannte »Shadal« (so sein hebräisches Akronym) die Unvereinbarkeit von dessen Philosophie mit dem jüdischen Offenbarungsglauben. Obwohl er seine ganze Autorität aufbot, konnte er nicht verhindern, dass Rubin langfristig einige Resonanz erfuhr. Öffentliche Unterstützung in Sachen Spinoza erhielt Rubin etwa von dem einflussreichen nationaljüdischen Schriftsteller Perez Smolenskin (1842–1885) und dessen 1868 in Wien gegründeter hebräischer Monatszeitschrift *Haschachar* (Die Morgenröte).

Unter den Maskilim im Zarenreich begann die Spinoza-Rezeption, wie Verena Dohrn konstatiert hat, »vorsichtiger und zaghafter als in deutschen Ländern«. Erst seit der Jahrhundertmitte traten auch hier Gelehrte hervor, die Spinoza affirmativ für die jüdische Tradition in Anspruch nahmen. Dohrn verweist in diesem Zusammenhang vor allem auf den aus Litauen stammenden Schulbuchredakteur Leon Mandelstam (1819–1889) und den am Rabbinerseminar im wolhynischen Schytomyr lehrenden Eliezer Zweifel (1815–1888). Diese Maskilim der zweiten Generation hätten es verstanden, »Spinozas Philosophie an die jüdische Denktradition rückzubinden und daraus im Ansatz eine kulturpolitische Konzeption vom modernen Judentum zu entwickeln«. Der rationalistisch orientierte Mandelstam sei Spinoza insofern gefolgt, als er die Bibel historisch las und die jüdische Religion »in erster Linie als politische Lehre begriff«. Allerdings stellte er Spinozas Argumentation auf den Kopf, indem er »den biblischen Staat zum Vorbild eines national-jüdischen Staatswesens erklärte« – ganz wie dies auch schon Moses Hess getan hatte. Während Mandelstam den Protozionisten vom Rhein jedoch nicht erwähnte, berief sich Zweifel bei seinem mit Spinoza operierenden Versuch der »Vermittlung zwischen traditioneller chassidischer Welt und Haskala« explizit auf *Rom und Jerusalem*.

Dohrn erkennt hierin ein Zeichen dafür, dass der intellektuelle Austausch zwischen dem deutschen und dem ostmitteleuropäischen Judentum nicht nur einseitig verlief. Schließlich war Hess in seinem Werk bereits auf die erste hebräische Übersetzung der *Ethik* sowie Luzzattos

Kritik eingegangen (ohne Rubin allerdings namentlich zu erwähnen). Zudem hatte er sich begeistert auf den im westpreußischen Thorn wirkenden Rabbiner Zwi Hirsch Kalischer (1795–1874) und dessen frühe Idee einer jüdischen Kolonisierung Palästinas bezogen. Als dann mit *Rom und Jerusalem* der Protozionismus in ausgereifterer Form im Osten reimportiert wurde, war Spinoza ein fester Bestandteil des Gepäcks. Wenngleich man den direkten Einfluss von Hess nicht überschätzen sollte, wird er doch seit dem ausgehenden 19. Jahrhundert immer häufiger gewürdigt.

Anders als im Fall von Hess beschränkte sich die wachsende Zuneigung zu Spinoza keineswegs auf nationaljüdisch-zionistische Strömungen. Dass der Philosoph weit über sie hinaus ins intellektuelle Repertoire des osteuropäischen Judentums Eingang gefunden hatte, zeigen die nobelpreisgekrönten literarischen Sittengemälde Isaac Bashevis Singers (1902–1991). Euser Heschel, der junge Held des Romans *Die Familie Moschkat,* hat bei seiner Ankunft in Warschau, mit der er die Enge des Schtetls hinter sich lässt, eine hebräische Übersetzung der *Ethik* in der Tasche. Und dann ist da noch Dr. Nahum Fischelson, der »Spinoza von der Marktstraße« aus Singers gleichnamiger, am Vorabend des Ersten Weltkriegs angesiedelter Kurzgeschichte. In Zürich promoviert und seit seiner Rückkehr in die polnische Metropole mit einem Kommentar zur *Ethik* befasst, muss Fischelson entdecken, dass »die Gelehrten den alten Spinoza gar nicht begriffen, ihn ungenau zitierten und dem großen Philosophen ihre eigenen ungegorenen Ideen unterschoben«. Als der alternde Junggeselle von seiner frommen Nachbarin und zukünftigen Braut auf das Tuscheln über sein angebliches Renegatentum angesprochen wird, erwidert er in bezeichnender Weise: »Ich – ein Abtrünniger? Nein, ich bin Jude wie jeder andere Jude.«

Wenngleich kaum eine allgemeine Aussage darüber gefällt werden kann, was in den einzelnen Köpfen der jüdischen Spinoza-Freunde im östlichen Europa vorging, lässt doch das Überlieferte die Tendenz erkennen, den Philosophen für ein nicht primär religiös verstandenes Judentum in Anspruch zu nehmen. Wie einige Jahrzehnte zuvor den deutschen erschien Spinoza auch den weiter ostwärts sozialisierten Juden gerade wegen seiner Abkehr von der jüdischen Religion bei gleichzeitig ausbleibender Konversion zum Christentum attraktiv. Der Unterschied bestand darin, dass er hier weniger als Akkulturationshilfe gegenüber der nichtjüdischen Gesellschaft in Anspruch genommen wurde denn als Medium innerjüdischer Selbstverständigung.

Deutlich wird dies etwa im Fall des Hillel Zeitlin (1871–1942). Der aus Weißrussland stammende Autor wandte sich von Glaubenszweifeln geplagt als Autodidakt weltlichen Studien zu, darunter das Werk Friedrich Nietzsches, um letztlich wieder in seine geistige Heimat der jüdischen Mystik zurückzukehren. Seine pessimistischen Einschätzungen zur Zukunft der Juden in Osteuropa bestätigten sich auf grausame Weise: 1942 wurde er, in den traditionellen Gebetsmantel Tallit gehüllt, während der Deportation in das Vernichtungslager Treblinka ermordet.

Im Jahr 1900 legte Zeitlin in der zu jener Zeit breit rezipierten Reihe »Das Leben berühmter Personen« des aufstrebenden Warschauer Tuschia-Verlags eine Biografie Spinozas vor. Der Verlag hatte sich ganz der Stärkung der hebräischen Literatur verschrieben, und seine Publikationen fanden großen Anklang in ebenso orientierten Kreisen. Mit wissenschaftlichem Anspruch vermittelte Zeitlins Lebensdarstellung dem hebräischen Leser im Großen und Ganzen den Kenntnisstand, wie ihn die internationale Forschung bis dato erreicht hatte. Im Schlusskapitel wirft der Autor die Frage nach dem Verhältnis von Spinozas Lehre zum Judentum auf, wobei er sich sowohl mit der Kritik Shadals als auch mit der affirmativen Deutung von Hess und Rubin auseinandersetzt, um gleichsam einen Mittelweg einzuschlagen. Am Ende charakterisiert Zeitlin den Philosophen als »Jude[n], ohne es zu wissen«. Seine Lehre sei nicht der Glaube und auch nicht die Philosophie des Judentums, aber dessen eigentliches »letztes Ziel«; sie stimme nicht mit dem Judentum überein, wie es sei, aber mit dessen »ewigen Idealen«, und dies »im reinsten Sinne: der absoluten Wahrheit, dem absoluten Frieden und der absoluten Liebe«.

Eine schneidende Besprechung wurde Zeitlin von dem hebräischen Schriftsteller, Philosophen und Kritiker Micha Josef Berdyczewski (1865–1921) zuteil. Berdyczewski (bekannt auch unter dem hebräischen Pseudonym Bin-Gorion), wie Zeitlin chassidisch erzogen, verließ seine ukrainische Heimat, um erst in Breslau und dann in Bern zu studieren; später wirkte er hauptsächlich von Berlin aus, wo er auch starb. Als diskursprägender Vertreter des jüdischen Nietzscheanismus stand er für einen Bruch mit der religiösen Tradition, der ungleich radikaler war als bei den meisten anderen hebräischen Intellektuellen seiner Zeit. Nicht zuletzt trat er als Widersacher von Achad Ha'am (Ascher Ginzberg), dem einflussreichen Begründer des Kulturzionismus, hervor. Dessen Betonung einer nationalen Ethik und spezifischen Geistigkeit der Juden empfand Berdyczewski als kollektiven Zwang, dem er die Kreativität des Individuums gegenüberstellte.

An Zeitlins »wichtigem Buch« bemängelte Berdyczewski das Verständnis für die Amsterdamer Rabbiner; anders als dieser wollte er ihnen nicht verzeihen, den »Geistesheroen« ausgestoßen zu haben. Dabei spottete er über die inzwischen verbreitete Suche »unserer Experten« nach den »hebräischen Quellen Spinozas«, welche nicht einmal für »einen Bruchteil seiner Bedeutung« verantwortlich seien. Ebenso mokierte sich Berdyczewski über Zeitlins Ausführungen zum tieferen Verhältnis von Spinozas Philosophie zum Judentum, um am Ende dem, was er als ein allgemeineres Phänomen empfand, seine Sicht der Dinge entgegenzusetzen:

»Von zwei Seiten bezieht man sich bei uns auf Spinoza, die einen sagen, er ist nicht mehr als ein Schüler, der aus dem Brunnen unserer Lehrer getrunken hat; die anderen sagen, er ist ein Riese, der allen Völkern und Sprachen geleuchtet hat, und er ist unser Sohn, er ist unser. Aber Spinoza war kein Schüler unserer Lehrer, selbst wenn er ihr Wasser trank, und er ist nicht unser Sohn, da wir nicht seine Söhne sind ... Viele Denker sind nicht möglich ohne Spinoza; aber alles, was danach bei uns getan wurde, ist möglich – ohne ihn. Dieser oder jener Denker hat sein Licht genossen und ist in ihm herangewachsen, und wir haben sein Licht nicht genossen. Und nehmen wir an, wir haben dieses Licht geboren; wir werden nicht leugnen können, dass wir es überhaupt nicht genutzt haben ...«

Sein jüngerer Schriftstellerfreund Joseph Chaim Brenner (1881–1921) nannte Berdyczewski einmal einen »Wegbereiter für das Individuum«, das sich vom »Joch des jüdischen Kollektivs emanzipiert« habe. Doch zeigt schon die erste Person Plural, in der er hier schrieb, dass Berdyczewski sich durchaus noch diesem Kollektiv zugehörig fühlte. Dasselbe galt für Brenner, der sich 1909 im Zuge der so wirkungsmächtigen Zweiten Alija in Palästina niederließ und dort zu einem stilprägenden neuhebräischen Literaten avancierte, bevor er 1921 bei den antijüdischen Ausschreitungen von Arabern aus Jaffa getötet wurde.

Mit seiner existenzialistischen Prosa versetzte er dem Hebräischen beherzt einen Säkularisierungsschub; zudem verkörperte er mit seiner Absage an die Tradition der Diaspora den Konflikt zwischen dem partikularistischen Erbteil des Judentums und der von ihm angebahnten, universal ausgerichteten hebräischen Moderne. Brenner war niemand, der die Widersprüche seiner Generationserfahrung in Form einer wie auch immer gearteten Synthese zur Aufhebung bringen wollte. Gerade dies machte ihn zu einer kulturellen Ikone, die sowohl von Zionisten als auch von Postzionisten in Ehren gehalten wird.

Auch Brenner sah sich, ein Jahrzehnt nach Berdyczewski, zu einer Intervention im Zusammenhang mit Spinoza aufgerufen. In seinem Fall traf es einen Gelehrten, der »plötzlich in unserer Literatur aufgetaucht ist und binnen zwei-drei Jahren beinahe alle Zeitungen und Monatszeitschriften überflutet und beinahe das gesamte Feld des ›hebräischen Geistes‹ erobert hat«. Die Rede war von dem heute kaum noch bekannten Samuel Max Melamed (1885–1938). Aus Litauen stammend und in Bern zu Doktorwürden gelangt, führte ihn sein Lebensweg nach London und in die Vereinigten Staaten. Er schrieb auf Deutsch, Hebräisch, Englisch und auch Jiddisch zu den verschiedensten philosophischen Themen. Spinoza war der Leitstern seines heterogenen Gesamtwerks, das 1933 in seine ebenso kühne wie unorthodoxe Monografie *Spinoza and Buddha. Visions of a Dead God* mündete. Neben vielem anderen wird Spinoza hier als der »erste Zionist der Moderne in Europa« bezeichnet, da er die Juden »nicht als eine religiöse, sondern als eine ethnische Gruppe« erkannte, die als solche Anspruch auf ein nationales Territorium in Palästina habe. Bereits 1921 hatte Melamed den Philosophen in der zweiten Auflage seiner neun Jahre zuvor auf Deutsch erstveröffentlichten

Studie *Psychologie des jüdischen Geistes* als »eigentlichen Begründer des modernen Zionismus« bezeichnet. Eine Vorfassung des Spinoza gewidmeten Schlusskapitels seiner *Völker- und Kulturpsychologie* war bereits 1911 in der hebräischen Zeitschrift *Hashiloach* erschienen. Dieser Aufsatz, *Spinoza der Jude,* war es, den Brenner sich in *Ha'achdut,* dem Sprachrohr der ihm nahestehenden sozialistisch-zionistisch orientierten Poale Zion (Arbeiter Zions), vornahm.

Der hebräische Literat, der den Text ausdrücklich weniger seines zu vernachlässigenden Inhalts als seines umtriebigen Autors wegen der Erwähnung wert befand, zitierte ausgiebig und höhnend jene Passagen, in denen Melamed für Spinoza einen genuinen, durch das rabbinische Judentum überdeckten und verzerrten jüdischen Nationalstil reklamierte, gipfelnd in der Schlusssentenz: »Spinoza der Jude – das ist das Geheimnis seines Einflusses, das Geheimnis seiner Macht und seines Heldentums«. Mit unübersetzbarem Sprachwitz konstatierte Brenner, Melamed – dessen Name auf Hebräisch den Lehrer in der traditionellen Thoraschule für kleinere Kinder bezeichnet – würde lehren, bis zu welch unendlichem Ausmaß man vermeintlich viel, doch gleichzeitig gar nichts sagen könne.

Letztlich bot Melamed für Brenner in erster Linie den Anlass zu einem Schlussakkord seiner Kritik an der Zeitschrift, in deren Jubiläumsausgabe der Aufsatz erschienen war. Die 1896 von Achad Ha'am gegründete Monatszeitschrift *Hashiloach* beging mit dem 150. Heft im 25. Band, der neben dem Beitrag Melameds noch ein zweiteiliges biografisches Porträt Spinozas aus der Feder David Kahanes enthielt, ihr 15-jähriges Erscheinen als zentrales Organ des Kulturzionismus. Zwischen Achad Ha'am und Brenner war es ein Jahr zuvor zu einem publizistischen Schlagabtausch gekommen, der als »Brenner-Affäre« in die Annalen der neuhebräischen Ideen- und Kulturgeschichte eingegangen ist. Die Affäre, die sich an der Frage entzündete, welches Verhältnis man als Jude zu den Evangelien einnehmen sollte, signalisierte die zunehmende Abnabelung der jungen jüdischen Literaten in Palästina von der diskursiven Hegemonie Achad Ha'ams. *Hashiloach* stand zu jener Zeit allerdings nur noch in eingeschränktem Maße unter dessen Einfluss. 1903 war die Redaktionsleitung nämlich an ebenjenen Mann übergegangen, der ein gutes Vierteljahrhundert später auf dem Jerusalemer Skopusberg die »Rekommunikation« Spinozas verkündete.

Joseph Klausner (1874–1958) ist heute vor allem als der etwas verschrobene Großonkel von Amos Oz bekannt, der ihm in seiner viel gelesenen Autobiografie mehrere Kapitel gewidmet hat. Die naive Perspektive des Kindes, die der israelische Romancier bei seiner Narration über weite Strecken des Buches einnimmt, mag für den Leser leicht verdecken, dass es sich bei »Onkel Joseph« um einen einflussreichen zionistischen Gelehrten handelte.

Im weltlich-aufgeklärten Klima des jüdischen Odessa erzogen, wohin seit Mitte des 19. Jahrhunderts zahlreiche Maskilim aus dem habsburgischen Galizien übergesiedelt waren, geriet Klausner früh unter den Einfluss Achad Ha'ams, ohne dessen kulturzionistische Totalopposition gegen den politischen Zionismus jedoch auf Dauer mittragen zu können; dafür war der Eindruck des 1. Zionistischen Kongresses 1897 in Basel viel zu stark. Zu dieser Zeit lebte er bereits in Heidelberg, wo er für fünf Jahre Semitistik, Geschichte und Philosophie studierte, um in der Folgezeit als Dr. Klausner erst in der Warschauer Redaktion von *Hashiloach*, dann als Dozent in Odessa zu wirken. Nach seiner 1919 erfolgten Übersiedelung nach Palästina begann er sich für die Gründung der Hebräischen Universität zu engagieren. Als leidenschaftlicher jüdischer Nationalist osteuropäischer Provenienz geriet er an der von politisch moderaten Gelehrten aus dem deutschsprachigen Raum geprägten Hochschule bald ins Abseits. Seine wachsende ideologische Nähe zu dem in diesen Kreisen verpönten Revisionismus Zeev Jabotinskys wurde dadurch noch verstärkt. In seinen späteren Jahren war er eine der »intellektuellen Bastionen des rechten Flügels des Zionismus« (Dan Miron). Dass dieser einmal politisch sehr einflussreich werden würde, war damals noch nicht abzusehen. Bei der Wahl zum ersten israelischen Staatspräsidenten 1949 wurde der betagte Professor von der Cherut-Partei Menachem Begins ins Rennen geschickt, in dem er als von vornherein aussichtsloser Kandidat haushoch gegen Chaim Weizmann unterlag.

Internationale Beachtung erfuhr Klausner durch sein Buch *Jesus von Nazareth,* in dem er den Messias der Christen nicht nur als selbstbewussten Juden, sondern sogar als »extremen Nationalisten« charakterisierte. Sein Lebensprojekt war jedoch der Einsatz für die Erneuerung und Durchsetzung des Hebräischen. Bereits im Jahr 1900 hatte er auf Russisch eine Geschichte der neuhebräischen Literatur vorgelegt, die zehn Jahre später auf Hebräisch und ein Jahr darauf auch auf Deutsch erschien. Die »Wiedergeburt der hebräischen Sprache« betrachtete Klausner als »Notwendigkeit für das ganze nationale Judentum«; ohne sie sei der Zionismus »undenkbar«. Die Entstehung desselben im östlichen Europa der 1880er Jahre erklärte er unter anderem mit dem »Gefühl verletzten Stolzes«, das angesichts der Pogrome in Russland und des Antisemitismus in Westeuropa den »besseren Teil der jüdischen

Jugend« ergriffen habe: »Sie begannen eine Widerlegung niedriger Verleumdungen der Antisemiten im Judentum selbst zu suchen, in jenem Judentum, das der Welt die Propheten, Hillel und Spinoza gegeben hat«.

In Spinoza hatte Klausner somit frühzeitig eine positive Bezugsfigur für den Zionismus ausgemacht. Wann und wie er selbst den Philosophen schätzen gelernt hatte, muss allerdings offen bleiben. In seiner 1946 erschienenen Autobiografie, die mit Namen großer Denker und Schriftsteller nicht eben spart, wird Spinoza nur an einer Stelle beiläufig als Aufsatzthema unter vielen anderen erwähnt. Das ist insofern überraschend, als Klausner zwischen 1927 und 1937 als sein lautstärkster Fürsprecher im jüdischen Palästina hervortrat.

Klausners Hinwendung zu Spinoza weist ihrer Tendenz nach starke Ähnlichkeiten mit seiner nationaljüdischen Deutung von Jesus auf. Galt es etwa, einer Wiederholung des Traumas entgegenzuwirken, das der unberechtigte, aber historisch so fatale christliche Vorwurf des jüdischen Jesusmordes hinterlassen hatte? Wollte Klausner verhindern, dass sich der Bann gegen Spinoza im Bewusstsein der Nichtjuden zu einer neuzeitlichen Variante der Kreuzigung Jesu entwickeln würde? Dafür spräche neben den Parallelen innerhalb von Klausners Interpretationen auch die Erinnerung Amos Oz', wonach sein Großonkel ihm gegenüber einmal betont habe, Jesus gebühre »ein Platz im Pantheon der Großen Israels, neben Baruch Spinoza, der ebenfalls mit Acht und Bann belegt wurde und dessen Ächtung wir jetzt ebenfalls aufheben sollten«.

Klausners eingangs erwähnter Vortrag *Der jüdische Charakter der Lehre Spinozas* von 1927 ist im Kontext einer internationalen Spinoza-Welle zu sehen, die am 250. Todestag des Philosophen ebenso aufschäumte wie fünf Jahre später an seinem 300. Geburtstag. Eine Renaissance erfuhr Spinoza zu jener Zeit gerade unter deutschen Juden. In der Krisenzeit der Weimarer Republik erstrahlte der durch das Prisma Goethes betrachtete Pantheist als kulturelle Identifikationsfigur, mit der man jüdische Authentizität hochhalten, aber auch noch einmal die allseits angefochtene deutsch-jüdische Wahlverwandtschaft heraufbeschwören konnte (1932 kam es zu symptomatischen Überlappungen von Spinoza- und Goethe-Feiern).

Frei von kultureller Ambiguität reklamierte dagegen Klausner in Jerusalem Spinoza für die jüdische Nation und für den Zionismus. In recht verquerer Logik kam er zu dem Schluss, dass die »ohne Zweifel mangelhaften« Elemente von Spinozas Lehre wie Atheismus, Materialismus und so fort »am Ende ihrer Entfaltung *gerade das Gegenteil* hervorbringen: *eine ideale und positive Weltanschauung*«; und die aus der intuitiven Einsicht in die Einheit von Gott und Natur folgende »intellektuelle Liebe Gottes, durch welche Gott sich selbst liebt«, sei eigentlich ein »hebräischer Gedanke«. Dabei wollte er die historische Berechtigung des Amsterdamer Banns gar nicht einmal in Abrede stellen; denn »solange das Judentum durch die Religion allein existierte, ohne Boden, ohne Sprache, ohne nationale Basis«, seien »vielleicht alle diejenigen, die ihm platonischen oder neoplatonischen Pantheismus einimpfen wollten, wirklich gefährlich« gewesen. Doch habe sich nun »die Sachlage geändert«:

»Das Judentum hört auf, bloss oder in erster Linie eine Religion zu sein […]. Es wird eine Nation und Religion zugleich sein. Dieses beginnt sich Boden zu erwerben und eine Nationalsprache, gleichzeitig damit auch eine geographische und politische Basis, und aufs neue empfindet es den Geruch vaterländischer

Erde und ›bei passender Gelegenheit wird es‹ – nach den wunderbaren Worten Spinozas –, da die menschlichen Dinge veränderlich sind, irgend einmal [sic] sein Reich abermals aufrichten und Gott wird es neuerdings erwählen.«

In seinem Vortrag *Spinoza und seine Lehre,* den er im Jubiläumsjahr 1932 im Tel Aviver Bet Ha'am (Haus des Volkes) hielt, passte Klausner seine Ansichten dem weniger akademischen Publikum aus der mehr hebräisch denn jüdisch konzipierten Stadt an. Zum Bann bemerkte er, Spinoza sei durch ihn zwar aus der jüdischen Gemeinde, nicht aber aus der »israelischen Nation« *(ha-uma ha-yisra'elit)* ausgestoßen worden. Auch mit seinen Schriften habe er nicht aufgehört, Jude zu sein; nur ein »koscherer Jude« sei er danach nicht mehr gewesen. Dafür attestierte Klausner Spinozas Lehre »gesunde hebräische Grundlagen«. Zum Schluss verriet er seinen Zuhörern eine Geschichte, die nur ihm zu Ohren gekommen sei: Niemand anders als Leon Pinsker habe beim Verfassen seiner einflussreichen protozionistischen Schrift *Autoemancipation* von 1882 unter dem Eindruck der inzwischen viel zitierten Zeilen aus dem *Theologisch-politischen Traktat* zur möglichen Wiederrichtung jüdischer Staatlichkeit gestanden. »So verursachte Spinoza – gewiss, ohne Absicht – auch die hebräische Erneuerungsbewegung«, konstatierte der Vortragende befriedigt.

Sechs Jahre später, im Frühjahr 1938, sah sich Klausner zum letzten Mal dazu aufgerufen, für Spinozas Rehabilitierung in den Ring zu steigen. Die Hebräische Universität veranstaltete zum 13. Jahrestag ihrer Gründung in Tel Aviv eine Podiumsdiskussion zwischen ihm und dem deutsch-jüdischen Gelehrten Julius Guttmann (1880–1950), an dessen philosophische Autorität Klausners nur schwerlich heranreichte. Der Religionsphilosoph, Sohn einer Hildesheimer Rabbinerfamilie und Absolvent des Jüdisch-Theologischen Seminars in Breslau, hatte seit 1919 an der Berliner Hochschule für die Wissenschaft des Judentums gelehrt, bis er 1934 nach Palästina auswanderte und eine Professur für Philosophie an der Hebräischen Universität antrat. Ein Jahr zuvor, dem Jahr der nationalsozialistischen Machtübernahme in Deutschland, war sein Hauptwerk *Die Philosophie des Judentums* erschienen, eine meisterhafte, vielleicht nie wirklich überbotene Synthese. Guttmann charakterisierte die jüdische Philosophie hier »ihrem Wesen nach« als »Philosophie des Judentums«; sie sei »Religionsphilosophie in dem spezifischen Sinne, der durch die Eigenart der monotheistischen Offenbarungsreligionen gegeben ist, die sich durch die Energie ihres Wahrheitsanspruches wie durch die Tiefe ihres geistigen Gehaltes der Philosophie als eine eigene Macht gegenüberstellen«. Nach dieser Standortbestimmung hatte Spinozas System »seinen eigentlichen Platz nicht in der Geschichte der jüdischen Philosophie, sondern in der Entwicklung des modernen europäischen Denkens«; stünde seine Philosophie doch »zu der jüdischen Religion, nicht nur in ihrer überlieferten dogmatischen Form, sondern ihren letzten Grundüberzeugungen nach, in tiefstem Gegensatz«.

Klausner setzte dem explizit auf das diasporische Element jüdischer Existenz abhebenden Standpunkt Guttmanns seine Neudefinition des Judentums als »nationale Weltanschauung auf religiös-moralischer Grundlage« entgegen. Die Juden seien eine »wirkliche Nation«, und es verbiete sich, »unser Volk zu verarmen und in der Geschichte der jüdischen Philosophie auf Baruch Spinoza zu verzichten«. Er schloss seine Ausführungen mit einem Appell, der die Widersprüchlichkeit seiner eigenen Haltung zur Lehre desjenigen, den er doch so vehement in die nationaljüdische Ahnengalerie stellen wollte, deutlich macht: »Die israelische Nation wird reicher werden, wachsen und sich erheben durch alle ihre Söhne – auch jene, die sie zu Unrecht verstieß und die sie zu Unrecht verurteilten.« Aus Klausners Sicht hatten am Ende also weder die Amsterdamer Rabbiner noch Spinoza recht.

Klausner war nicht der einzige zionistische Denker seiner Zeit, der Spinoza in dieser Weise nationalpolitisch vereinnahmte. So besaß dieser in Gestalt des Publizisten und Diplomaten Nachum Sokolow (1859–1936) einen weiteren Fürsprecher, der sich dazu noch in ungleich stärkerem Maße als Klausner im Zentrum des zionistischen Establishments bewegte.

Aus Polen gebürtig und von umfassender Bildung, galt der polyglotte Sokolow seit den 1880er Jahren als herausragender Journalist hebräischer Sprache. Nach dem 1. Zionistischen Kongress wurde er zu einem der wichtigsten Mitstreiter Theodor Herzls, 1906 übernahm er den Posten des Generalsekretärs der Zionistischen Organisation. Maßgeblich an den diplomatischen Bemühungen um die Balfour-Deklaration von 1917 beteiligt, fungierte er zwischen 1931 und 1935 als Präsident der Zionistischen Organisation. All dies hielt ihn nicht davon ab, unermüdlich weiter zu schreiben, wobei er in Bezug auf Genres und Themenfelder kaum Grenzen zu kennen schien. Sokolows Grafomanie brachte es allerdings mit sich, dass die Qualität seiner Texte oft unter ihrer schieren Quantität zu leiden hatten; seine Bücher waren, so kolportiert es zumindest Klausner, oft hastig und lieblos aus diversen Teilveröffentlichungen zusammengestellt.

Den Eindruck eines unsystematischen Sammelsuriums vermittelt auch Sokolows vierhundert Seiten starke Monografie *Baruch Spinoza und seine Zeit,* die er 1929 in hebräischer Sprache veröffentlichte. Wenngleich die ausgreifende Lese- und Denkleistung des viel beschäftigten Verfassers erstaunt, fehlt dem facettenreichen Buch doch jegliche klare Linie in Aufbau und Argumentation. Klar zu erkennen ist allerdings seine Grundintention, die sich weitgehend mit der von Klausners Spinoza-Vorträgen deckt. Gleich eingangs stellt Sokolow seinen Protagonisten als »Ikone der hebräischen Genialität« dar, »ob Bann oder kein Bann, ob er sich als Jude betrachtete oder nicht«.

Eine Kurzzusammenfassung des Buches überließ Sokolow der 1933 von Siegfried Hessing herausgegebenen Festschrift *Spinoza. Dreihundert Jahre Ewigkeit*, die den deutschsprachigen Leser auch mit Klausners Jerusalemer Bannwiderruf von 1927 bekanntmachte. Der Präsident der Zionistischen Organisation wandte sich in seinem Beitrag *Der Jude Spinoza* zwar scharf gegen die »Reihe direkter und indirekter Angriffe auf das traditionelle Judentum und eo ipso auf die jüdische Nation«, als die man Spinozas *Theologisch-politischen Traktat* insgesamt betrachten könne. Nichtsdestoweniger erkannte er hierin die »Theorie des retrospektiven Judenstaatlers, des radikalsten Judenstaatlers, den es jemals gab«. Auch habe Spinoza niemals aufgehört, Jude zu sein, sei es »durch Wechsel der Religion, durch Rassenmischung oder durch Verheimlichung seiner Abstammung«. Der Spinozismus war für Sokolow eine »jüdische Gedankenströmung«; noch »in seiner Gegnerschaft zum Judentum« sei er »tief jüdisch«.

Während Sokolow seine Thesen für Hessings Festschrift bearbeitete, erschien in Deutschland eine scharfsinnige Kritik an der verbreiteten Verehrung, die Spinoza von jüdischer Seite zuteilwurde. Ihr Verfasser, der damals 33-jährige Leo Strauss, war mit dem Gegenstand gut vertraut; zwei Jahre zuvor hatte er die einschlägige Studie *Die Religionskritik Spinozas als Grundlage seiner Bibelkritik* vorgelegt. Mit seinem im November 1932 in der *Bayerischen Israelitischen Gemeindezeitung* veröffentlichten Artikel *Das Testament Spinozas* schaltete er sich kritisch in die Feierlichkeiten zum Geburtstag des Philosophen ein, mit denen sich viele deutsche Juden am Vorabend ihrer Katastrophe aufzurichten versuchten. War es berechtigt, »bei dem Auszug aus dem neuen Ägypten« – Strauss meinte das moderne Europa – »die Gebeine des Mannes mitzunehmen, der in diesem Lande zu königsgleicher Stellung aufgestiegen war«?

Im Gegensatz zu Zionisten wie Klausner und Sokolow ging Strauss davon aus, dass »die jüdische Herkunft und Erziehung eines großen Mannes, für sich genommen, kein Recht dazu gibt, seine Größe für das Judentum in Anspruch zu nehmen«. Zwar betonte auch er, dass Spinoza »ohne Zweifel in der stärksten *literarischen* Abhängigkeit von jüdischen Autoren« gestanden habe; was er von der jüdischen Philosophie des Mittelalters aufnahm, hätte er aber als »Gemeingut der europäisch-mediterranen Tradition« ebenso gut von der nichtjüdischen aufnehmen können. So gehöre er auch nicht dem Judentum an, sondern »der kleinen Schar überlegener Geister, die Nietzsche als die ›guten Europäer‹ bezeichnet hat«, und dies in einer »besonderen Weise«: Denn Spinoza sei »nicht Jude geblieben, während Descartes, Hobbes und Leibniz Christen geblieben sind«; es wäre insofern nicht in seinem Sinn, »in das Pantheon der jüdischen Nation« aufgenommen zu werden. Für Strauss, dem das Judentum letztlich wichtiger war als Spinoza, stellte es ein »elementares Gebot der jüdischen Selbstachtung« dar, »daß wir Juden endlich wieder darauf verzichten, Spinoza für uns in Anspruch zu nehmen«. Gerade die zentrale Referenzstelle für Zionisten aus dem dritten Kapitel des *Theologisch-politischen Traktats* sprach für den jungen Strauss dagegen, Spinoza zum »Vater des politischen Zionismus« zu erklären. Sein letzter Wille sei vielmehr »die auf dem Bruch mit dem Judentum beruhende Neutralität gegenüber der jüdischen Nation«. Um sein Nachleben müsse man sich zudem nicht sorgen; Spinoza werde verehrt werden, »solange es Menschen gibt, welche die Inschrift seines Siegelrings (›caute‹) zu würdigen wissen, oder, um es deutsch zu sagen, solange es Menschen gibt, die wissen, was damit gemeint ist, wenn man sagt: *Unabhängigkeit*«.

Auf Unabhängigkeit, könnte man Strauss' Intervention entgegenhalten, war allerdings auch der Zionismus von vornherein angelegt, und zwar in zweierlei Richtung: von den nichtjüdischen Gesellschaften, die die kollektive Autonomie der Juden seit dem 19. Jahrhundert immer mehr beschnitten; aber auch von der jüdisch-religiösen Tradition, die der individuellen Autonomie von Juden im Wege stand. Zumal im östlichen Europa waren diese beiden Fronten in der Realität oft nicht klar zu trennen, was nicht nur ein Grunddilemma des dortigen Zionismus darstellte, sondern auch die unterschiedlichen Aneignungen erklärt, die Spinoza durch jüdische Denker aus diesem Kulturkreis erfuhr. Ein Individualist wie Berdyczewski war dem Original dabei sicherlich näher als ein Nationalist wie Klausner. Gemeinsam war ihnen allen, dass sie den Philosophen vor allem als Projektionsfläche jüdischer Zugehörigkeit in der Moderne nutzten. Die Frage der praktischen Umsetzung seiner politischen Lehre stellte sich noch nicht.

Nicht einmal 16 Jahre nachdem Strauss den großen Häretiker vor einer nationalen Vereinnahmung durch den Zionismus in Schutz nahm, hatte dieser sein primäres politisches Ziel erreicht: die staatliche Unabhängigkeit der Juden in Palästina. Es zeigte sich, dass Spinoza auch im Staat Israel große Wertschätzung genoss, am auffälligsten bei dem Mann, der die Geschicke des Landes in den Jahren seines Aufbaus entscheidend bestimmte.

David Ben-Gurion (1886–1973) war aus anderem Holz geschnitzt als die zionistischen und nationaljüdischen Denker, die sich vor ihm für Spinoza stark gemacht hatten. Während Israels Staatsgründer und langjähriger Ministerpräsident sich in späteren Jahren neben Spinoza auch Buddha und Platon, Yoga und Feldenkrais zuwandte, absorbierte ihn die meiste Zeit seines Lebens die praktische Politik. Seit 1906 in Palästina, rückte er nach und nach in die sozialistisch-zionistische Führung des Jischuw auf und widmete sich ganz dem Aufbau dessen vorstaatlicher Infrastruktur. Dabei betrachtete er die jüdischen Arbeiter als das gesellschaftliche Subjekt, das die praktische Umsetzung der geistigen Revolution übernehmen sollte, die ihm der »Aufstand gegen die jüdische Tradition« darstellte. Anders als Herzl begriff er den Zionismus nicht in erster Linie als Reaktion auf die vom Antisemitismus erzeugte »Judennot«, sondern – und hier zeigte sich der starke Einfluss Berdyczewskis – als Ausdruck einer grundsätzlichen Umwertung der Werte. Diese bedingte seine entschiedene Absage an das politisch unmündige Dasein in der Diaspora und das Ziel einer sozioökonomischen Umstrukturierung der alten jüdischen zu einer neuen hebräischen Gesellschaft im Land Israel.

Langfristig wichtiger als nationale oder sozialistische Ideologie war ihm aber der Gedanke der Staatlichkeit, den er vor allem seit den 1950er Jahren mit dem hebräischen Begriff »Mamlachtiut« durchzusetzen trachtete. Mit diesem Begriff zog Ben-Gurion seit jeher Kritik auf sich. Während die einen ihn als Ausdruck eines blanken machtpolitischen Etatismus betrachteten, erkannten die anderen aufgrund seiner etymologischen und semantischen Bezüge auf das biblische Königtum in ihm ein Zeichen jenes jüdischen Messianismus, dem der Staatsgründer sich im Alter verstärkt annäherte. Nir Kedar hat demgegenüber auf begriffsgeschichtlicher Grundlage die Position vertreten, dass Ben-Gurion dem jungen Staat mit seinem Konzept von »Mamlachtiut« einen zivilgesellschaftlich-sozialdemokratischen Republikanismus westlicher Prägung anempfohlen und dafür neben politischer Souveränität auch ein neues staatsbürgerliches Bewusstsein eingefordert habe. Dies sei angesichts der ethnischen und religiösen Heterogenität der israelischen Gesellschaft praktisch geboten gewesen, spiegele aber auch die philosophischen Grundüberzeugungen Ben-Gurions wider (deren Existenz oft bezweifelt worden ist). Kedar führt in diesem Zusammenhang eine illustre Reihe abendländischer Philosophen, darunter nicht zuletzt Spinoza, ins Feld, die Ben-Gurions Denken beeinflusst hätten.

Dennoch bleibt es schwierig, Ben-Gurions intellektuellen Rang zu bestimmen. Während seine philosophischen Ambitionen von der zionistischen Hagiografie gern für bare Münze genommen wurden, hat man es sich auf der anderen Seite oft zu leicht damit gemacht, dem Staatsmann die theoretische Metaebene abzusprechen. Ein Beispiel für letztere Tendenz ist Amos Oz, der in seiner Autobiografie von einem denkwürdigen Gespräch berichtet, das er 1961 mit dem damaligen Ministerpräsidenten über Spinoza führte. Ben-Gurion, »kein Intellektueller«, sondern ein »visionärer Bauer«, habe »Gleichmut in jeder Lage« als den ganzen »Kern der Lehre Spinozas« bezeichnet; alles andere sei »nur Firlefanz«. War das wirklich alles, was Ben-Gurion mit dem Philosophen verband? Wenngleich hier keine systematische, geschweige denn vollständige Bestandsaufnahme von Ben-Gurions Verhältnis zu Spinoza geboten werden kann, lässt sich doch bereits aus einer schlaglichtartigen Beleuchtung desselben erahnen, dass er in dem Philosophen mehr sah als ein Modell stoischer Gemütsruhe.

Glaubt man den Kindheitserinnerungen, die Ben-Gurion 1963 einer Zeitung anvertraute, hatte er die Bewunderung für Spinoza von seinem Großvater geerbt, der ihm aus Erzählungen seines Vaters als frühes Vorbild vertraut war. Gewiss ist, dass er sich spätestens 1904, noch in Polen, mit dem Philosophen beschäftigte. So nahm der damals 17-Jährige in einem Brief an seinen Jugendfreund Shmuel Fuchs Bezug auf die Ausführungen zur Erwählung Israels im *Theologisch-politischen Traktat*, wobei er – Spinoza gründlich missverstehend – in kritischer Abgrenzung betonte, dass die Auserwähltheit nicht darin bestehe, dass Gott die Thora allein dem »hebräischen Volk« geben wollte, sondern darin, dass nur dieses aufgrund seiner »natürlichen Begabung« in der Lage gewesen sei, deren ewige Ideale als die seinen anzunehmen und unter den Völkern zu verbreiten. Grundbedingungen dafür seien der »Wille des Volkes und seine freie Entwicklung« gewesen, die zu erneuern eben das Ziel des Zionismus sei. Menachem Dorman hat darauf hingewiesen, dass der junge Ben-Gurion neben der *Ethik*-Übersetzung Shlomo Rubins wohl ebenso dessen spinozistische Aufsätze rezipiert habe. Zudem hat Dorman die Vermutung geäußert, dass auch die 1898/99 im Warschauer Tuschia-Verlag erschienene hebräische Fassung von Moses Hess' *Rom und Jerusalem* kaum spurlos an ihm vorbeigegangen sein könne; immerhin stammte der Übersetzer aus seiner kleinen polnischen Heimatstadt Płońsk, und in späteren Jahren bezeugte Ben-Gurion dem Protozionisten vom Rhein wiederholt seine Wertschätzung.

Mit dem 23. Zionistenkongress, der im August 1951 in Jerusalem stattfand, wählte der israelische Ministerpräsident einen denkwürdigen Anlass, um Spinoza einer breiteren Öffentlichkeit ins Bewusstsein zu bringen. Erstmals tagte der Kongress, der anfangs stets in Europa und seit Ausbruch des Zweiten Weltkriegs überhaupt nicht mehr zusammengetreten war, in Israel. Wenngleich das Auseinanderdriften von zionistischer Diasporapolitik und israelischer Staatsräson sich hier bereits abzeichnete, war feierliches Einvernehmen das Gebot der Stunde. Ben-Gurion ließ in seiner Eröffnungsrede die historischen Errungenschaften des Zionismus und seiner Vordenker Revue passieren. Zu Letzteren zählte für ihn, so prominent wie ansonsten nur noch Herzl, auch Spinoza, der bei all seiner Religionskritik doch sein ganzes Leben ein »stolzer und gläubiger Jude« geblieben sei und dann im *Theologisch-politischen Traktat* die »Erneuerung des Staates Israel« prophezeit habe. Gegen Ende der Rede konstruierte Ben-Gurion eine säkulare Traditionskette *(shalshelet kabbala)*, die den Philosophen mit dem Gründer des politischen Zionismus und beide mit der hebräischen Bibel verband:

»Spinoza sagte, mit der Wiedererrichtung des Staates Israel werde das Volk Israel wieder zum auserwählten Volk. Herzl sagte, dass Volk Israel müsse und könne einen Musterstaat aufbauen. Dies sind zwei Definitionen ein und derselben Sache – der Zukunftsvision der Propheten Israels.«

In ähnlicher Weise hatte sich der Ministerpräsident schon wenige Wochen zuvor gegenüber dem aus Deutschland stammenden Geschäftsmann und Privatgelehrten Georg Herz Shikmoni (1885–1976) geäußert, der 1950 in Haifa das Spinozaeum (auch Beit Spinoza, d. i. Spinozahaus) gegründet hatte. Die kleine Einrichtung, deren Bestand später in die Universität Haifa überführt wurde, verschrieb sich der Förderung von Spinozas Philosophie in Israel. Ben-Gurion beantragte prompt seine Mitgliedschaft, empfahl Shikmoni, sich mit seiner Institution um die Übersetzung von Spinozas Werken und Briefen ins Hebräische zu kümmern, und versprach seinerseits »all die dafür erforderliche Hilfe«. Womöglich war jene berühmt gewordene Initiative, die er gut zwei Jahre darauf zur Ehrenrettung des Philosophen ergriff, auf dieses Versprechen zurückzuführen.

Am 1. Dezember 1953 wurde Ben-Gurion 68 Jahre alt. Hinter ihm lagen zwei anstrengende Jahre: An den Grenzen blieb die Lage angespannt, und die Diskussion um das im September 1952 unterzeichnete und im März 1953 in Kraft getretene Abkommen mit Westdeutschland über die auf Deutsch oft als »Wiedergutmachung« bezeichneten materiellen Entschädigungen für die Opfer des Holocaust hatte dem jungen (und armen) Staat bürgerkriegsähnliche Tumulte beschert. Nach Beginn der vereinbarten Transferleistungen entschloss sich der erschöpfte Ministerpräsident zum Rücktritt von allen öffentlichen Ämtern und zog am 13. Dezember in den neu gegründeten Kibbuz Sede Boker im Negev. Hier wollte er nun gemäß seinem alten zionistischen Pionierideal »junge Bäume pflanzen, Heu fahren, sich um die Schafe kümmern«, wie sein Biograf Michel Bar-Zohar es ausdrückte.

Nicht zuletzt nutzte Ben-Gurion den neuen Wirkungsort jedoch auch, um gegenüber seinem Land die neue Rolle des alten Weisen aus der Wüste einzunehmen. Eine der ersten Amtshandlungen des frischen Ruheständlers betraf so auch nicht etwa Ackerbau und Viehzucht, sondern die Pflege des Andenkens Spinozas. Am 25. Dezember erschien sein zweifellos durchschlagendstes Plädoyer für den Philosophen. Als Forum hatte Ben-Gurion die

Freitagsausgabe der *Davar* gewählt, der als Hausorgan der Einheitsgewerkschaft Histadrut zu jener Zeit meinungsbildenden israelischen Tageszeitung. Sein sich über fünf lange Spalten erstreckender Artikel trug den Titel *Netaken ha-me'uwat,* was übersetzt so viel heißt wie »Lasst uns das Krumme geradebiegen«. Siegfried Hessing veröffentlichte den Text 1962 in der zweiten Auflage seiner Spinoza-Festschrift in einer Übersetzung aus dem Englischen unter der Überschrift *Lasset uns gutmachen das Unrecht* – einer signifikanten Fehlübersetzung, die ein bald verbreitetes Missverständnis widerspiegelte.

Der Artikel warf nämlich keineswegs Fragen von Rechtmäßigkeit auf, wie sie im Fall Spinozas den Amsterdamer Bannspruch betrafen. Dieser sollte hier nicht etwa annulliert, sondern als »historisches Kuriosum« betrachtet werden, für das Ben-Gurion angesichts der damaligen Situation der jüdischen Gemeinde durchaus Verständnis zeigte. Nur besäße der Bann inzwischen, in einem außerreligiösen Kontext, keinerlei Relevanz mehr. Das Krumme, das es wieder geradezubiegen galt, lag in der Rezeptionsgeschichte, war »nicht religiös, sondern kulturell-literarisch«: »Die hebräische Literatur ist nicht vollständig, solange sie nicht alle Werke Spinozas enthält – als Teil der größten geistigen Schätze des jüdischen Volkes.« Man müsse dabei nicht mit allen Positionen des Philosophen übereinstimmen, um seine Größe anzuerkennen. Die Quintessenz seiner Philosophie lag für den israelischen Staatsgründer darin, bewiesen zu haben, dass »die menschliche Weisheit alle äußeren Mächte überwinden und durch Selbsterkenntnis und Welterkenntnis und Gotteserkenntnis« – die für Spinoza ein und dasselbe seien – zur »höchsten Glückseligkeit« gelangen könne. Wenngleich Ben-Gurion abermals auf das jüdische Element Spinozas pochte und sich auch hier nicht den Hinweis versagte, er sei »in einem gewissen Sinne der erste Zionist der vergangenen dreihundert Jahre« gewesen, war dieser Aspekt in dem Artikel von sekundärer Bedeutung. Nach einer kurzen Würdigung der beiden einzigen bis dato vorliegenden hebräischen Werkübersetzungen (der *Ethik* und der *Kurzen Abhandlung von Gott, dem Menschen und dessen Glück*) kam Ben-Gurion schließlich zu seiner Forderung, die in signifikanter semantischer Verschiebung weniger auf das jüdische als auf das hebräische Moment der ganzen Angelegenheit abhob:

»Eine vollständige und vollkommene hebräische Ausgabe aller Schriften Baruch Spinozas im Auftrag der Hebräischen Universität in Jerusalem ist eine staatliche und kulturelle Ehrenschuld, die wir uns schuldig sind und die nicht versäumt werden darf. […] Es ist uns auferlegt, unserer hebräischen Sprache und Kultur die Schriften des originellsten Denkers und tiefgründigsten Philosophen wiederzugeben, der in den vergangenen zweitausend Jahren dem hebräischen Volk entsprungen ist.«

Ben-Gurions Artikel löste über die folgenden Monate hinweg eine lange Kette von Reaktionen aus, nicht nur in Israel, sondern in der gesamten jüdischen Welt. Der Kibbuznik nahm sich in seinem Wüstendomizil die Zeit, sowohl Briefe an ihn persönlich als auch Leserbriefe in Zeitungen zu beantworten. Einem wohl skeptischen New Yorker Rabbiner schrieb er selbstbewusst: »›Würde Spinoza heute leben‹, wäre er nahezu sicher ein Professor an der Hebräischen Universität von Jerusalem und all seine Bücher würden auf Hebräisch geschrieben und vom Universitätsverlag publiziert worden sein.«

Vor allem anderen musste Ben-Gurion sich gegen das rasch um sich greifende und nach wie vor verbreitete Missverständnis verwahren, er habe zur Rücknahme des

Banns aufgerufen. Dieses Gerücht gelangte bis nach Paris, wo sich zwei Jahre später Emmanuel Lévinas kritisch gegen Ben-Gurions vermeintlichen Vorschlag einer »Revision des Prozesses Spinozas« wandte. Für den französischen Philosophen und gläubigen Juden, der Spinoza »Verrat« am Judentum vorwarf, war das jüdische Volk »erwachsen genug, um sich ein Zerwürfnis, und sei es mit Spinoza, erlauben zu können«. So dürfe man auch nicht »in der Ängstlichkeit der jüdischen ›Haskala‹ des 19. Jahrhunderts verharren, die ein wunderbares Vertrauen in die Zukunft des Judentums mit einem befremdlichen Mißtrauen gegenüber all seinen noch nicht vulgarisierten, von den Nichtjuden noch nicht anerkannten Werten« verbunden habe. Dies sei ein »wunder Punkt so vieler verehrenswerter Männer, die innerhalb von fünfzig Jahren den Staat Israel« geschaffen hätten.

Während sich religiöse Juden über die Anmaßung Ben-Gurions echauffierten, beschwerten sich auf der anderen Seite säkulare Israelis darüber, dass die überholte Frage des Banns davon ablenke, dass man im Judenstaat weiterhin unter dem zu starken Machtfaktor der Orthodoxie zu leiden habe. Ya'acov Ardon aus Haifa etwa meinte in der *Jerusalem Post,* Ben-Gurion solle seinen Einfluss besser dahin gehend nutzen, dass die Gesetze des Staates Israel von jenen Klauseln befreit würden, in denen die starre rabbinische Orthodoxie der Vergangenheit fortlebe.

In der Tat zeichnete der Staatsgründer entscheidend mitverantwortlich für den politischen Kompromiss, der wichtige Bereiche des israelischen Zivilrechts wie Eheschließung und Scheidung dem jüdischen Religionsgesetz unterwarf. Während Ben-Gurion sich in seiner Replik auf Ardon mit dem Hinweis auf die Fehllektüre hinsichtlich der Frage des Banns vor einer Antwort auf das wirklich brennende Anliegen drückte, wurde er in einem persönlichen Brief an einen anderen Zeitungsleser aus Haifa namens Ya'acov Sobel deutlicher, was die Frage des Verhältnisses von Staat und Religion anbelangte. Es bestehe kein Zweifel, so antwortete er diesem, dass »die Gewissensfreiheit und die Denkfreiheit in Israel« gewahrt werden müssten; es sei aber »nicht die rechte Zeit für einen ›Kulturkampf‹, wenn die religiösen Parteien uns diesen Streit nicht aufzwingen.«

Dass die Furcht vor einem ›Kulturkampf‹ nicht unberechtigt war, zeigt der Sprengstoffanschlag, der im Juni 1952 vor der Wohnung des Verkehrsministers von der nationalreligiösen Mizrachi-Partei David-Zvi Pinkas in Tel Aviv verübt wurde. Anlass war dessen Entscheidung, einen der beiden aufgrund der Benzinknappheit vorgesehenen autofreien Tage im Land verpflichtend auf den Sabbat fallen zu lassen, was in Teilen der Öffentlichkeit als religiöse Bevormundung kritisiert wurde. Die schnell festgenommenen Täter, der 25-jährige Publizist und Schriftsteller Amos Kenan und sein Freund Shalti'el Ben-Yair, konnten aufgrund mangelnder Beweise nicht verurteilt werden.

Für Ben-Gurion blieb die Wahrung der inneren Einheit unter den israelischen Juden ein Gebot der Staatsräson, an dem er nicht rütteln wollte; wenngleich er damit einer zentralen Prämisse von Spinozas politischer Philosophie, der Unterordnung der geistlichen unter die weltlichen Autoritäten im Staat, zuwiderhandeln musste. Nachdem er im April 1955 zuerst als Verteidigungsminister, dann nach den Wahlen im darauffolgenden November auch als Ministerpräsident in die aktive Politik zurückgekehrt war, schien Pragmatismus umso mehr angezeigt. So beteiligte er sich auch nicht an der im Folgenden beschriebenen erinnerungspolitischen Initiative des Spinozaeums, deren Ergebnis noch heute zu besichtigen ist.

Nach Spinozas frühem Tod im Februar 1677 sorgten christliche Freunde dafür, dass er in der Den Haager Nieuwe Kerk bestattet werden konnte. Vier Jahre zuvor hatten hier bereits die Gebrüder de Witt ihre letzte Ruhe gefunden. Es war dies also nicht nur eine ungewöhnliche – schließlich war Spinoza kein Christ –, sondern auch ehrenvolle Tat, die nötig wurde, da eine jüdische Beerdigung für den gebannten Philosophen nicht mehr infrage kam. Zu seinem 250. Todestag überführte man 1927 seine zwischenzeitlich umgebetteten Gebeine feierlich in den Garten der Kirche und bedeckte sie mit einer Steinplatte, auf der in lateinischer Sprache geschrieben steht: »Diese Erde birgt die Knochen Benedict de Spinozas, die einst in der Nieuwe Kerk bestattet wurden«. Dazu wurde ein schlichter Grabstein aufgestellt, der neben den Lebensdaten Spinozas sein Porträt in Form eines reduzierten Reliefs und darunter seinen Siegelspruch »Caute« (Vorsichtig) trägt.

Knapp drei Jahrzehnte später trat Georg Herz Shikmoni mit seinem Spinozaeum in Aktion. Dem rührigen Spinoza-Verehrer aus Haifa, der es nur schwer hinnehmen konnte, dass der Philosoph »durch fremde Hände in fremdem Boden« beerdigt worden war, gelang es, ein Zeichen von bleibender Symbolkraft zu setzen: Am 3. September 1956, dem 300. Jahrestag des Banns, wurde im Rahmen einer Zeremonie im Beisein von Würdenträgern aus den Niederlanden und Israel eine schwarze Basaltplatte auf dem hellen Grabstein Spinozas vor der Nieuwe Kerk angebracht, auf der in hebräischen Buchstaben »Amcha« geschrieben steht: »Dein Volk«.

Die vom Spinozaeum gestellte Basaltplatte war eigens aus Israel gebracht worden, die Stadt Haifa steuerte als »Zeichen der Wertschätzung« zwei Rosensträucher bei (eine Rose schmückte auch Spinozas Siegelring). Bei dem

Grabstein Spinozas im Garten der Nieuwe Kerk in Den Haag (1927/1956) © Jan Eike Dunkhase

feierlichen Akt der Anbringung in Den Haag waren neben einem Repräsentanten des Spinozaeums auch Vertreter der niederländischen Politik und der evangelischen Kirche zugegen und ebenso der Gesandte des Staates Israel in den Beneluxstaaten, Ezra Yoran. Vonseiten der jüdischen Gemeinschaft der Niederlande nahm niemand an der Veranstaltung teil; israelische Zeitungen berichteten gar von einem bewussten Boykott. Zwei Jahre zuvor hatte der Oberrabbiner der sephardischen Gemeinde Amsterdams, Shmuel Rodrigues Pereira, anlässlich von Ben-Gurions Artikel in der *Davar* noch einmal die Gültigkeit des Banns bekräftigt.

In der *Haaretz* wies ein namentlich nicht genannter Sonderkorrespondent auf den kuriosen Sachverhalt hin, dass ein nichtjüdischer Holländer schottischer Herkunft, der die Initiative mit vorangetrieben hatte, die Anbringung der Basaltplatte in seiner Rede als Ausdruck der neuen Wertschätzung darstellte, die Spinoza vonseiten des »modernen Judentums« und des »modernen Israel« genieße. Vor allem aber warf die hebräische Inschrift »Dein Volk« die Frage auf, wer hier in wessen Namen sprach – eine Frage, die das grundsätzliche Verhältnis zwischen Israel und der Diaspora betraf. Angesichts der Tatsache, dass wenige Jahre zuvor die große Mehrheit der holländischen Juden im Holocaust ermordet worden war, konnte die Anwesenheit des israelischen Diplomaten bei gleichzeitigem Fernbleiben von Vertretern der jüdischen Gemeinde leicht taktlos wirken.

Im israelischen Kabinett richtete der nationalreligiöse Postminister Josef Burg so auch die Anfrage an Außenministerin Golda Meir, ob die Teilnahme des Gesandten mit ihrem Ministerium abgestimmt worden sei. Meir bejahte dies einige Wochen später und bezeichnete die Aufregung als ungerechtfertigt. Ben-Gurion wusste, warum er der Aktion seine Schirmherrschaft versagt hatte. Zu einem Kulturkampf taugte die Affäre trotz aller Brisanz letztlich aber nicht. Ende Oktober 1956 besetzte die israelische Armee im Zuge der Suezkrise erstmals die Sinai-Halbinsel, den Schauplatz des biblischen Auszugs aus Ägypten. Israel stand somit dringlicheren tagespolitischen Problemen gegenüber als der Frage nach den Details der Gestaltung von Spinozas Grabstein.

Für die Rezeptionsgeschichte des Philosophen kommt der Anbringung der »Amcha«-Platte emblematische Bedeutung zu. In ihr verdichtet sich bildhaft die nationale Aneignung des Philosophen durch zionistische Denker von Moses Hess bis David Ben-Gurion. Aus säkularer Perspektive stellte der Vorgang eine Geste der nationalen Emanzipation dar, aus religiöser Perspektive einen Akt illegitimer Selbstermächtigung. Der anmontierte hebräische Schriftzug bringt dabei nicht nur die ursprüngliche Proportionierung und Farbgebung des Grabsteins durcheinander; er kontrastiert auch auf eigentümliche Weise mit dem sphinxhaften Antlitz Spinozas und seiner lateinischen Mahnung zur Vorsicht.

Die symbolische Wiedervereinigung Spinozas mit dem jüdischen Volk wurde über Israel und die Niederlande hinaus kritisch zur Kenntnis genommen. Karl Jaspers etwa ließ aus Basel vernehmen: »Spinoza würde sich wundern. Niemals hat er völkisch gedacht. Einen Mann vom Range Spinozas kann kein Volk, kein Staat für sich in Anspruch nehmen.« Große Männer seien »Anspruch, nicht Besitz«; Völker und Staaten hätten zu fragen, »ob sie ein Recht haben auf die Großen, die ihnen erwachsen sind«. Die Antwort erfolge dadurch, »daß sie den Maßstab dieser Großen als den ihrigen anerkennen.«

Diese Empfehlung ist weit gefasst. Auf welche Weise können sich Kollektive – Völker und Staaten – ein bewusst solitäres Individuum wie Spinoza zum Maßstab nehmen? Ist das überhaupt möglich? In Israel ließe sich auf politischer Ebene bei der Frage ansetzen, ob gemäß Spinozas Lehre die Souveränität des säkularen Staates gegenüber der Macht religiöser Autoritäten durchgesetzt wurde. Angesichts der nach der Staatsgründung erfolgten Institutionalisierung der im Einklang mit den administrativen Rahmenbedingungen der britischen Mandatsmacht zwischen nicht religiösen und religiösen zionistischen Gruppen seit den 1930er Jahren in einer Vielzahl von Fragen erzielten Übereinkünfte ist hier sicherlich Skepsis angezeigt.

Es war demnach ein herausforderndes Vermächtnis der zionistischen Spinozisten, den gebannten Philosophen überhaupt affirmativ in den Diskurs der israelischen Gesellschaft eingeführt zu haben. Denn auch nach

Ben-Gurion ist Spinoza eine wichtige intellektuelle Bezugsfigur des säkularen Israel geblieben, die immer wieder ein Medium der Selbstbekräftigung, aber auch der Kritik dargestellt hat. Um Spinoza vollends zum Hebräer zu machen, bedurfte es freilich einer kreativeren Form von Aneignung als der bloßen Deklaration seiner Zugehörigkeit zur jüdischen Nation: seiner Übersetzung ins Hebräische. Durch sie fand der Philosoph auch verstärkten Eingang in die israelische Kultur.

Spinoza auf Hebräisch

Während Spinoza sich vom Judentum gelöst hatte, bewahrte er sein Interesse an der hebräischen Sprache. So hinterließ er bei seinem Tod neben dem *Tractatus politicus* noch ein weiteres unvollendetes Werk: das *Compendium Grammatices Linguae Hebraeae*, eine hebräische Grammatik. Dies war weniger ein Zeichen bleibender Verbundenheit mit der Tradition seiner Ahnen als eine Konsequenz seiner Bibelkritik. Schließlich hatte er im *Theologisch-politischen Traktat* eine »vollständige Kenntnis des Hebräischen« als notwendige Voraussetzung der Schriftauslegung angemahnt und gleichzeitig beklagt, dass die »alten hebräischen Sprachkundigen« nichts zur Sprache hinterlassen hätten, »kein Wörterbuch, keine Grammatik, keine Stilistik« (TTP, 124). Den unmittelbaren Anlass für die Arbeit an dem Werk bot dann die Bitte christlicher Freunde, ihnen eine Einführung in die Sprache an die Hand zu geben.

Spinozas Kompendium war bei Weitem nicht die einzige hebräische Grammatik, die im 17. Jahrhundert von sephardischen Gelehrten in Holland verfasst wurde; sie war aber die einzige in lateinischer Sprache, was ihre Orientierung auf ein nichtjüdisches Publikum unterstreicht, aber auch zur Folge hatte, dass die grammatikalischen Eigenheiten des Hebräischen in das kategoriale und strukturelle Korsett des Lateinischen gezwungen wurden.

Ohnehin ging Spinoza, der sich hier als allen seinen Vorgängern überlegen präsentierte, mitunter eigenwillig vor. Dies betrifft nicht zuletzt seine zentrale These, alle hebräischen Wörter hätten bis auf wenige Ausnahmen »die Kraft und die Eigenschaften des Nomens« (CGLH, 303), auch die anderen Wortarten seien durchweg vom Substantiv abgeleitet. Bereits Jacob Bernays hat auf die deutliche Parallele zur *Ethik* hingewiesen, deren Grundgedanken Spinoza auch als Hebraist die Feder führten. Was dort die allumfassende Substanz war, war hier das allumfassende Substantiv. Mit Warren Zev Harvey könnte man gar umgekehrt fragen, ob Spinozas *Ethik* im Sinne eines »metaphysischen Hebraismus« lediglich seine Projektion der hebräischen Sprache auf Gott beziehungsweise die Natur darstellt; doch würde dies hier zu weit führen.

Gewiss ist, dass Spinoza mit seinem im Kern auf linguistische Normativität abhebenden Werk einer Säkularisierung des Hebräischen den Weg zu ebnen suchte. Wiederholt betont er, anders als seinen Vorgängern gehe es ihm um eine Grammatik der hebräischen Sprache und nicht um eine Grammatik der Heiligen Schrift (CGLH, 310 und 358). Wenngleich es verfehlt wäre, hieraus ein Plädoyer für die Erneuerung des Hebräischen als Umgangssprache abzuleiten, so schuf er doch eine wesentliche Voraussetzung dafür, indem er es als natürliche, rational zu durchdringende und eben nicht nur an den Bibeltext gebundene heilige Sprache behandelte. Diese Herangehensweise erscheint zwei Jahrhunderte nach dem Beginn der hebräischen Renaissance selbstverständlich; zu Spinozas Zeit war sie es keineswegs.

Schon von daher ist die Hebraisierung des häretischen Hebraisten als ein Phänomen zu betrachten, das sich durchaus mit seinem Denken und Wirken berührt. Während bezweifelt werden kann, dass seine forcierte Rückholung in die jüdische Nation durch Joseph Klausner und andere in Spinozas Sinne gewesen wäre, hätte die von Ben-Gurion geforderte Integration seiner Werke in die neuhebräische Sprachkultur wohl seine Zustimmung gefunden, sicherlich aber sein Interesse geweckt.

Die Bemühungen des israelischen Staatsgründers trugen dann auch bald Früchte. 1961 erschien Chaim Wirszubskis hebräische Übersetzung des *Theologisch-politischen Traktats;* der Verlag der Hebräischen Universität, der die Ausgabe herausbrachte, versäumte nicht, sich bei Ben-Gurion für seine Mithilfe zu bedanken. Bereits zwei Jahre später folgte die Übersetzung von Spinozas Briefwechsel. Inzwischen liegen bis auf die Frühschrift zu Descartes alle seine Werke in hebräischer Sprache vor. Wer seine hebräische Grammatik auf Hebräisch lesen will, ist allerdings nach wie vor auf die alte Übersetzung Shlomo Rubins aus dem Jahr 1905 verwiesen, was ihre allgemein stiefmütterliche Rezeption widerspiegelt (so ist sie auch Spinozas einzige Schrift, die noch nicht ins Deutsche übertragen wurde).

Innerhalb Spinozas hebräischer Übersetzungsgeschichte kommt der *Ethik* ein besonderer Stellenwert zu. Dies hat nicht nur damit zu tun, dass es sich hier um sein Hauptwerk handelt, sondern auch damit, dass dieses innerhalb von weniger als 120 Jahren ganze drei Übersetzungen ins Hebräische erfahren hat. Wie Gideon Katz betont, zeugen die aus drei Jahrhunderten stammenden Übersetzungen von den rasanten Wandlungen der modernen jüdischen Geschichte. Anhand der Positionen, die die Übersetzer, allesamt namhafte Intellektuelle, zu Spinoza einnahmen, lassen sich zudem unterschiedliche Herangehensweisen an die Frage einer jüdischen Zugehörigkeit beleuchten, die nicht primär religiös begründet ist.

Noch mit einem Bein in der religiösen Tradition stand der bereits im vorigen Kapitel erwähnte Shlomo Rubin, der 1885 in Wien die erste hebräische Fassung der *Ethik* vorlegte. Von einem säkularen Phänomen wie dem Zionismus zeigte sich der damals 63-Jährige noch nicht berührt; er suchte den Zusammenhalt des jüdischen Kollektivs in Zeiten drohender Assimilation weitgehend in geistlicher Hinsicht, wollte aber eben auch solche Juden integriert wissen, die wie er selbst mit rabbinischen Autoritäten in Konflikt geraten waren. So war seine Arbeit auch ganz von dem legitimatorischen Bestreben getragen, Spinozas Philosophie als die eines religiösen Juden darzustellen. Dies zeigt sich schon in dem vom Original abweichenden Titel, den er seiner Übersetzung voranstellte: *Ḥeker Eloha im torat ha-adam,* was zu Deutsch so viel bedeutet wie »Die Erforschung Gottes mit der Wissenschaft des Menschen«. In seiner langen Einleitung verwies der galizische Maskil mit Nachdruck auf die jüdischen Quellen von Spinozas Lehre und betonte, dass diese »von ihrem Anfang bis zu ihrem Ende« jüdisch sei und auch die Einheit von Gott und Natur dem jüdischen Glauben ganz und gar entspreche (Rubin, 44).

Rubins Übersetzung ist in einem altertümlichen und unbeholfenen Hebräisch verfasst, das angesichts der durch den Zionismus in den folgenden Jahrzehnten vorangetriebenen umfassenden Erneuerung der Sprache nach kurzer Zeit überholt war. Zudem wird gemeinhin davon ausgegangen, dass er sich vorwiegend auf die deutsche Übersetzung stützte und kaum auf das lateinische Original (was auch sein Glossar nahelegt, das die hebräischen Begriffe fast nur mit den deutschen abgleicht). Wenngleich seine Übersetzung vielen der später wortführenden jüdischen Spinozisten aus dem ostmitteleuropäischen Raum den Zugang zu dem Philosophen erleichterte, konnte Rubins Werk, das er im Eigenverlag herausgab, nur einen überschaubaren Kreis von Lesern erreichen. Dies war bei den beiden späteren, für die zionistische und israelische Szene zentralen Übersetzern anders.

Die zweite hebräische Übersetzung der *Ethik* erschien erstmals 1924 in Leipzig und blieb über acht Jahrzehnte die Standardübersetzung, durch die Generationen von hebräischen Lesern Spinozas Philosophie kennenlernten. Ihr Urheber, der Philosoph und Publizist Jakob Klatzkin (1882–1948), war ein radikaler, stark von der Lebensphilosophie des Fin de Siècle beeinflusster Denker, der in sich die Wissenstradition des osteuropäischen Judentums mit westlicher Bildung vereinigte. Sein jüngerer Freund Nahum Goldmann, mit dem er zwischen 1924 und 1933 in Deutschland die ersten zehn Bände der durch die Machtübertragung auf die Nationalsozialisten zum Abbruch gekommenen *Encyclopaedia Judaica* herausgab, attestierte dem in Weißrussland geborenen und 1921 in Bern promovierten Rabbinersohn eine »überragende intellektuelle Begabung«. Klatzkin hatte bei Hermann Cohen in Marburg studiert, dem er in hoher persönlicher Wertschätzung verbunden blieb, wenngleich dessen Verankerung einer universalen Ethik in der jüdisch-monotheistischen Gottesidee und der Syntheseversuch zwischen Judentum und Deutschtum seinem Denken diametral zuwiderliefen.

Wie Goldmann wohl zu Recht bemerkte, war Klatzkin von allen Denkern der zionistischen Bewegung der »›zionistischste‹, der wirklich kompromißlose Zionist, der die Grundkonzeption des Zionismus wie kein anderer ohne das geringste Zugeständnis zu Ende gedacht hat«. Die jüdische Existenz in der Diaspora verneinte er absolut, wobei er den Kulturzionismus mit seiner Zielsetzung eines lediglich geistigen Zentrums in Palästina nicht weniger angriff als die Assimilation. Wie er in seiner 1918 erschienenen Schrift *Probleme des modernen Judentums*, die drei Jahre später in leicht veränderter Form unter dem Titel *Krisis und Entscheidung im Judentum* neu aufgelegt wurde, betonte, wollte er von spezifisch jüdischen Inhalten als nationaler Basis nichts wissen; nicht auf Inhalte, sondern auf Formen kam es ihm an:

»Der Zionismus besagt in seinem tiefsten Grunde die Eliminierung des Inhalts aus dem nationalen Kriterium, das sich nur von Formen, wie vornehmlich Land und Sprache, bestimmen lässt. Der Zionismus stellt daher die strengste Konsequenz der nationalen Erkenntnis dar. Er ist die Säkularisierung des Begriffes Israel. *Er bedeutet eine neue Epoche als Grundlage eines neuen Kriteriums des Judentums.*«

Während Klatzkin, der 1933 in die Schweiz floh, wo er 1948 nach einem sechsjährigen Aufenthalt in den Vereinigten Staaten auch starb, den territorialen Aspekt seines nationalen Kriteriums nur theoretisch bediente, war sein praktischer Beitrag zur Fortentwicklung der hebräischen Sprache umso bedeutender. So kann er, um abermals Goldmann zu zitieren, im Bereich der Philosophie als der »größte hebräische Sprachschöpfer« des 20. Jahrhunderts betrachtet werden. Noch bevor er seine Tätigkeit in Deutschland abbrechen musste, legte Klatzkin den vierten und letzten Band seines *Thesaurus philosophicus linguae Hebraicae et veteris et recentioris* vor, eines Wörterbuchs hebräischer philosophischer und wissenschaftlicher Begriffe, das den Zeitraum vom 12. bis zum 18. Jahrhundert abdeckte. Damit leistete er einen bewussten Beitrag zur Erneuerung des Hebräischen, indem er Sprachforschern eine breite Palette oftmals vergessener Fachausdrücke für eine Wiedereinführung in den philosophischen Diskurs zur Auswahl stellte. Die Grundlagen zu diesem immensen Forschungswerk erarbeitete er sich im Zuge seiner Übersetzung von Spinozas *Ethik*. Dieser hatte er 1923, ein Jahr vor ihrem Erscheinen, eine hebräischsprachige Monografie zu Leben und Werk des Philosophen vorangeschickt. Beide Arbeiten wollte er als eine Einheit betrachtet wissen.

Anders als Rubin begriff Klatzkin Spinozas pantheistische Philosophie in seiner umfassenden und mit einem ausführlichen Anmerkungsapparat versehenen Darstellung als absolute Antithese zum monotheistischen Judentum. Auch einen inhaltlichen Einfluss der jüdischen Religionsphilosophie wollte er, ganz im Gegensatz zu dem umso wichtigeren sprachlichen, nicht gelten lassen. Ebenso deutlich wandte er sich allerdings gegen eine christliche Vereinnahmung Spinozas, bei dem er vielmehr zahlreiche Charakteristika der »hebräischen Moral« wie die Affektbeherrschung entdeckte. Den *Theologisch-politischen Traktat*, dessen Mehrdeutigkeiten er nicht goutierte, beurteilte Klatzkin ganz im Sinne seines Lehrers Cohen überaus negativ; weder dem Inhalt noch der Form nach gereiche er dem Autor zur Ehre, wenngleich es auch hier »fruchtbare Gedanken« gebe. Ähnlich anderen Zionisten vor und nach ihm vermerkte Klatzkin positiv, dass Spinoza der Erste gewesen sei, der den »national-territorialen Charakter der jüdischen Religion« erkannt und die »Erlösung des Landes« prophezeit habe. Insgesamt müsse man aber zwischen dem polemischen Publizisten des *Traktats* und dem Philosophen der *Ethik* unterscheiden. Überraschenderweise zeigte sich Klatzkin dann aber auch von Letzterer keineswegs angetan; Spinoza habe zu viel beweisen wollen und sei daran gescheitert. Regelrecht vernichtend lautet der Schlusssatz des Buches: »Es gibt keinen blinderen Glauben als den Glauben an die Vernunft, und es gibt keinen frommeren als diesen.«

Aus Klatzkins Perspektive war der Unterschied zwischen Spinozas Philosophie und dem Judentum gar nicht entscheidend. Beide gehörten inhaltlich einer Welt von gestern an, die es zu überwinden galt. Wie Gideon Katz zu Recht betont, verortete Klatzkin, wenngleich er dies in dem Buch nur andeutet, die Relevanz von Spinozas Philosophie für den modernen Juden in erster Linie formal im Bereich der Sprache, und zwar aufgrund ihres hebräischen Charakters.

Dieser erstaunliche Befund erklärt sich weiter in der Einleitung, die Klatzkin seiner ein Jahr später unter dem im Grunde genommen irreführenden Titel *Torat ha-midot* (Die Sittenlehre) veröffentlichten Übersetzung der *Ethik* voranstellte. Hier hob das Sprachgenie auf Spinozas Probleme mit dem Lateinischen ab: »Die lateinische Sprache war sein Joch«, worüber er auch geklagt habe (Klatzkin, XI). Da sein Denken zwar nicht unbedingt inhaltlich von der hebräischen Philosophie geleitet gewesen, aber ganz gewiss unter ihrem sprachlichen Einfluss formuliert worden sei, könne es erst durch die hebräische Übersetzung in angemessener Weise erfasst werden. Dies sei deren Vorteil gegenüber denen in westlichen Sprachen.

Noch deutlicher wurde Klatzkin 1927 in seiner Rede auf dem Spinoza-Kongress in Den Haag. Dort bezeichnete er die »sprachliche Unbeholfenheit« Spinozas als eine Hauptquelle der ihn betreffenden Missverständnisse. Erst vermöge der hebräischen Übersetzung würden »scheinbare Widersprüche von selbst aufgehoben und das spinozistische Weltbild in einer neuen Konzeption erhellt«; auch den »dem Judentum entgegengesetzten Lehrinhalt« könne man so am ehesten erkennen. Er zog daraus den selbstbewussten Schluss: »Eine gute hebräische Übersetzung muss in manchem Betracht adäquater, originaler als das lateinische Original sein.«

Eingedenk seiner grundsätzlich negativen Haltung zu Spinoza und dessen Philosophie ist nicht davon auszugehen, dass Klatzkin dies als einen Selbstzweck betrachtete. Mit seiner Übersetzung der *Ethik* zielte er nicht auf die Verbreitung ihres Denksystems ab, wenngleich er dessen inhaltliche Tiefe und Breite durchaus würdigte. Vielmehr war sie ihm – um den intellektuellen Kraftakt metaphorisch zu beschreiben – eine philologische Gymnastik zur formalen Ertüchtigung des hebräischen Sprachkörpers.

Dabei sah Klatzkin noch nicht einmal die Notwendigkeit umfassender begrifflicher Neuerungen. Die vorliegende Terminologie der mittelalterlichen jüdischen Philosophie reiche weitgehend aus. Man müsse lediglich »fein unsere alte Literatur durchsieben und die hervorragenden Begriffe in ihr auswählen, von ihnen den Staub der Generationen abschütteln und ihre Bedeutungen bezeichnen, die durch den vielen Gebrauch zu ihrer Zeit und den wenigen Gebrauch danach verwischt wurden« (Klatzkin, XVIII). So erschloss der zionistische Gelehrte hier ein sprachliches Altneuland. In Israel war der Übersetzung dann auch ein langes Nachleben beschert. Der große Tel Aviver Verlag Masada brachte 1954 eine handliche Neuausgabe der Übersetzung auf den Markt und machte sie so einer breiteren Leserschaft zugänglich.

Dass Klatzkins Übersetzungswerk eine kulturelle Leistung ersten Rangs war, stand von Beginn an fest. Franz Rosenzweig, auch er ein Schüler Hermann Cohens, der neue Denkwege beschritt, schrieb bereits kurze Zeit nach Erscheinen des Buches, Klatzkin dürfe das »stolze Bewußtsein haben, daß keine künftige Erforschung des Sinnes der Ethik an seiner Übersetzung, an dem immanenten Kommentar, der sie wie jede Übersetzung ist«, werde vorbeigehen dürfen. Der deutsch-jüdische Religionsphilosoph hielt sich aber nicht länger bei der Übersetzung auf, sondern nahm sie zum Anlass einer Reflexion über die grundsätzliche Existenzmöglichkeit für das Neuhebräische, die letztlich auf eine Widerlegung von Klatzkins formalem Nationalismus am zentralen Beispiel der Sprache hinauslief. Er sah hier einen Fall vorliegen, in dem der Theoretiker gezwungen sei, »gescheiter zu sein, als es seine eigene Theorie erlaubt«. Eben Klatzkins »Wahl der mittelalterlichjüdischen Terminologie« und sein Umgang mit ihr bestätigten Rosenzweig darin, dass eine neuhebräische (und zionistische) Selbstabkoppelung von der jüdischen Diaspora und ihrer religiösen Tradition unmöglich, da nicht überlebensfähig, sei. Was für das nationale Dasein der Juden in Palästina gelte, gelte für seinen Kern, die hebräische Sprache, umso mehr:

»Sie kann nicht werden wie sie will, sondern sie wird werden wie sie muß. Und dieses Muß liegt nicht wie bei jeder natürlich-nationalen Sprache in ihr selber, sondern außerhalb ihrer Gesprochenheit, in der Erbmasse der Vergangenheit und in dem gewahrten Zusammenhang mit denen, deren Judentum notwendig wesentlich das des Erben ist.«

Rosenzweig hat damit frühzeitig auf die unzweifelhaft fortwirkende sakrale Imprägnierung des Hebräischen hingewiesen, die die Sprache auch im Zuge ihrer Säkularisierung und Erneuerung begleitet hat. Bei Klatzkins Hebraisierung der *Ethik* liegt dies förmlich auf der Hand. Sie machte Spinoza sprachlich zum Hebräer, warf ihn dabei aber gleichzeitig – und sei es auch noch so formal – auf die jüdische Tradition zurück, von der er sich getrennt hatte.

Als 2003 in Tel Aviv die dritte und letzte hebräische Übersetzung der *Ethik* von Yirmiyahu Yovel erschien, stand der Staat Israel, der nur wenige Wochen nach

Klatzkins Tod seine Unabhängigkeit erklärt hatte, mitten in seinem sechsten Jahrzehnt; und er wies eine weitgehend westliche und mehrheitlich jüdische Gesellschaft auf, deren säkularer Wesenszug einerseits augenscheinlich, andererseits aber keineswegs unangefochten war. Das Neuhebräische hatte sich als primäre Amts- und Verkehrssprache des Landes in einer Weise zu einem eigenständigen Sprachsystem weiterentwickelt, wie es achtzig Jahre zuvor wohl weder Klatzkin noch Rosenzweig geahnt haben konnten. Inzwischen ist sogar schon dafür plädiert worden, es »Israelisch« zu nennen, um die linguistische Distanz zur heiligen Sprache des Judentums zum Ausdruck zu bringen.

Auch wer nicht von einem derart radikalen Kontinuitätsbruch in der hebräischen Sprachgeschichte ausgeht, kann schwerlich in Abrede stellen, dass sich das hyperhistoristische Hebräisch von Klatzkins Spinoza kaum mehr mit dem Idiom deckte, das an der Wende zum 21. Jahrhundert in Israel verwendet wurde. Yovel stellte seiner Neuübersetzung so auch den Befund voran, dass Klatzkins Übersetzung – der er »viel Anmut«, aber auch »dichterische Freiheit und nicht wenige Ungenauigkeiten« attestierte – von den »meisten Lesern unserer Zeit« nicht mehr verstanden werde: »Wir sprechen, schreiben und diskutieren über Philosophie in einem neuen Hebräisch, das von einer lebendigen Sprache umgeben ist, einer alltäglichen und literarischen, ohne große Trennungen zwischen ihnen«. An den so entstandenen »lebendigen Diskurs« gelte es sich anzulehnen (Yovel, 9, 59).

Das neue Übersetzungsunternehmen unterschied sich jedoch nicht nur auf formal-sprachlicher Ebene, sondern auch seinem philosophisch-weltanschaulichen Impetus nach von dem Klatzkins. Anders als dieser fühlte sich Yovel auch inhaltlich zur Lehre Spinozas hingezogen, für deren Verbreitung in Israel er sich bereits lange zuvor in Wort und Tat stark zu machen begonnen hatte.

Yirmiyahu Yovel wurde 1935 in Haifa geboren und studierte Philosophie an der Hebräischen Universität, an der er nach Aufenthalten an der Sorbonne und in Princeton auch promoviert wurde und viele Jahre als Professor lehrte. Mit seinen Arbeiten zu Kant, Hegel und Nietzsche, vor allem aber zu Spinoza zählt er zu den bedeutendsten Vertretern seines Fachs in Israel; im Jahr 2000 wurde er mit dem renommierten Israel-Preis geehrt. Als engagierter Intellektueller der sich mittlerweile nur noch selten bemerkbar machenden zionistischen Linken hat Yovel sich stets stark an politischen Debatten und Initiativen beteiligt. Seine weltanschauliche Position als säkularer Israeli beschrieb er 1988 in einem Interview dahin gehend, dass er sich innerhalb eines Kulturkampfes sehe und sich weigere, auf seinen »Ort in den zwei einander widerstreitenden Kulturen zu verzichten«:

»Auf der einen Seite sehe ich mich in der rationalistisch-säkularen Philosophie verwurzelt, die sich seit der Aufklärung in Europa entwickelt hat. Auf der anderen Seite kommt es für mich überhaupt nicht in Frage, auf meine Existenz als Jude zu verzichten. Und um genauer zu sein, als Jude, dem das wunderbare Geschenk zu Teil wurde, an dem größten Abenteuer der jüdischen Geschichte teilzuhaben – dem israelischen Abenteuer.«

In Spinozas Leben und Werk hatte Yovel frühzeitig einen historisch-philosophischen Ansatzpunkt entdeckt, um diese beiden Pole seiner Existenz, die im Wesentlichen das Spannungsfeld des israelischen Säkularismus bezeichnen, miteinander zu verbinden. Seit den Siebzigerjahren bemühte er sich mit kleineren Veröffentlichungen, unter anderem in der *Haaretz*, darum, das Vermächtnis des Philosophen, um den es nach Ben-Gurions Intervention zwei Jahrzehnte zuvor eher ruhig geworden war, wachzurufen. 1984 gründete er an der Hebräischen Universität das Zentrum für Spinoza-Forschung, das sich 1986 als Spinoza-Institut in Jerusalem selbstständig machte. Die Einrichtung wurde ins Leben gerufen, um sowohl die internationale wissenschaftliche Diskussion über Spinoza als auch die Debatte über das säkulare Selbstverständnis Israels und jüdische Zugehörigkeit in der Moderne zu befördern. Bereits im April 1987 fand in Jerusalem die erste große Konferenz des Instituts zu diesem Themenkomplex statt. Über mehrere Tage versammelten sich neben Forschern aus aller Welt namhafte israelische Intellektuelle und Schriftsteller wie Zeev Sternhell, Amos Keinan, Moshe Shamir, Yoram Kaniuk und der Herausgeber der *Haaretz*, Gershom Schocken. Yovel war es dabei gelungen, die Aufmerksamkeit der Medien wie auch einer breiteren Öffentlichkeit zu wecken. Der große Durchbruch seiner Mission, den Philosophen ins Zentrum des israelischen Diskurses zurückzuholen, erfolgte im Jahr darauf mit der Veröffentlichung seiner großen Spinoza-Monografie.

Yovels auf Hebräisch verfasstes und später in sechs Sprachen übersetztes Magnum Opus *Spinoza und andere Häretiker* (dt. 1996: *Spinoza. Das Abenteuer der Immanenz*) avancierte in Israel schnell zum Standardwerk. Schon sein Erscheinen im Dezember 1988 war ein kulturelles Ereignis: Die Buchvorstellung im Tel Aviver Kulturzentrum Tzavta wurde von dem bekannten Schriftsteller Abraham B. Yehoshua eröffnet, eine Woche darauf folgte eine weitere im Theater von Jerusalem im Beisein von Bürgermeister Teddy Kollek und vielen anderen

Personen des öffentlichen Lebens. Innerhalb von wenigen Monaten waren Tausende von Exemplaren verkauft; ein halbes Jahr später erschien bereits die vierte Auflage. Wenn Avshalom Elitzur das Werk in der *Haaretz* als Sachbuch des Jahres bezeichnete, war dies womöglich noch untertrieben. Yovel hatte mit seinem philosophiegeschichtlichen Bestseller einen Nerv beim gebildeten Lesepublikum Israels getroffen. Der große Erfolg des Buches ist dabei nicht zuletzt darauf zurückzuführen, dass es Yovel gelungen war, Spinoza der linksliberalen Intelligenz des Landes als einen der ihren zu vermitteln.

Spinoza und andere Häretiker besteht aus zwei Teilen: Der erste, »Der Marrane der Vernunft« betitelt, stellt Spinozas Philosophie der Immanenz vor dem kulturgeschichtlichen Hintergrund des Marranentums dar, in dessen Tradition ihn Yovel zwar nicht als Erster, aber in einer Entschiedenheit verortet, die nicht jeden Rezensenten überzeugte. Während Yoram Brunowski in seiner großen Besprechung in der *Haaretz* konkrete Nachweise eines spezifisch marranischen Stils bei Spinoza vermisste, griff Ada Oshpiz in der gleichen Zeitung die These noch grundsätzlicher an, indem sie Yovel und mit ihm der modernen jüdischen Historiografie insgesamt vorwarf, den jüdischen Häretiker nicht im Kontext der christlichen Häresie seiner Zeit zu sehen und damit letztlich auch dem revolutionären Charakter der Häresie als solcher nicht gerecht zu werden. Der zweite Teil des Werks, »Die Metamorphosen der Immanenzphilosophie«, verfolgt die Rezeption des Philosophen bei so wirkmächtigen Denkern wie Kant, Hegel, Marx, Nietzsche und Freud und reklamiert so auch einen jüdischen Traditionsstrang als Beitrag zur Entstehung der Moderne. Doch war es weniger diese Kulturleistung Spinozas als seine besondere, im Epilog des ersten Teils erörterte Existenzform, die ihn für die mehrheitlich nicht fachphilosophischen israelischen Leser Yovels interessant machte. War Spinoza »der erste säkulare Jude«? Und inwieweit korrespondiert seine Lehre mit dem Zionismus und der säkular-jüdischen Staatlichkeit?

Dass Spinoza ein Wegbereiter des okzidentalen Säkularismus war, stand für Yovel außer Zweifel. Komplexer gestaltete sich seine Analyse der Frage von Spinozas jüdischer Zugehörigkeit. Anders als so viele jüdische Spinozisten vor ihm konstatiert er uneingeschränkt, dass Spinoza sich nach dem Bann ganz vom Judentum und der jüdischen Gesellschaft abgewandt hatte und als einzige persönliche Einordnung die eines Bürgers der Republik der Vereinigten Niederlande akzeptierte. Während er somit in subjektiver Hinsicht kaum mehr als Jude gelten kann, identifiziert ihn Yovel dennoch in einem objektiven Sinne als solchen. Er beruft sich in diesem Punkt auf Spinozas mit der portugiesischen Erfahrung untermauerte und gleichsam die berühmte These Sartres vorwegnehmende Feststellung, wonach in erster Linie der »Hass der Völker« (TTP, 63) für die Fortexistenz der Juden verantwortlich sei. Dabei sieht Yovel in Auschwitz die »direkte Konsequenz« jenes »existenziellen Antisemitismus«, dem die iberischen Conversos Jahrhunderte zuvor im Zeichen einer auf die Reinheit des Blutes abhebenden Gesetzgebung nach ihrer Konversion anheimfielen. Schon zu Beginn des Epilogs steht zu lesen:

»Auch er, Baruch Spinoza, Sohn von Michael und Hanna-Deborah, wäre in Auschwitz verbrannt worden, ohne dass sich jemand die Mühe gemacht hätte, ihn zu fragen, ob er seinem subjektiven Bewusstsein nach Jude sei oder die Gebote der Religion befolge.«

Mit diesem bezeichnenderweise nicht in die Übersetzungen aus dem Hebräischen übernommenen Satz brachte Yovel eine Denkfigur zum Einsatz, die in Israel häufig zur Stiftung jüdischen Zusammenhalts bemüht wird. Sie ist angesichts der Katastrophenerfahrung der Juden im 20. Jahrhundert nur schwer anzufechten. Dennoch kann es als problematisch betrachtet werden, jüdisches Selbstverständnis in erster Linie mittels Fremdzuschreibung, also *ex negativo,* zu bestimmen.

Im Hinblick auf Spinozas vermeintlichen Zionismus hebt Yovel sich vom traditionellen Mainstream des zionistischen Spinozismus in differenzierter Weise ab. Die immer wieder beschworenen Zeilen aus dem dritten Kapitel des *Theologisch-politischen Traktats* metaphorisch statt prophetisch deutend, erkennt er in Spinozas naturgesetzlich begründeter Säkularisierung der Geschichte das zentrale Vermächtnis, an das der Zionismus anschließen konnte. Für den Philosophen selbst sei ein säkularer jüdischer Staat noch unvorstellbar gewesen; er habe aber, wenn auch nicht das Ziel, so doch immerhin den Weg dahin gewiesen. Derart an Spinozas säkulares Staatsverständnis anknüpfend, verbindet Yovel diese Einschätzung mit einer beiläufigen Kritik am Gedanken göttlicher Auserwähltheit, dem falschen Messianismus und dem Aberglauben, die »heute die größte Gefahr für die Zukunft des jüdischen Volkes und seinen Staat« darstellen würden.

Spinozas Beitrag zum jüdischen Säkularismus beurteilte er abschließend insofern als indirekt, als er den »Umweg« über seinen »Einfluss auf die Säkularisierung der europäischen Kultur im Allgemeinen« genommen habe. Nachdem dieser Prozess dann auch die »jüdische Straße« erreicht hatte, erinnerte man sich zu Recht des »häretischen, heimatlosen und entfremdeten Juden«, der gleichwohl Jude geblieben sei. Damit »verkörpert« Spinozas persönliches Schicksal für Yovel »das Schicksal der Söhne seines Volkes in den kommenden Generationen und die Vielzahl der Möglichkeiten, mit denen sie auf die Moderne reagierten, deren Vorbote er war«. Dass die völlige Trennung von der jüdischen Gemeinschaft, die er selbst zuvor bei Spinoza festgestellt hatte, kaum charakteristisch für die (säkularen) Juden in der Moderne war, berücksichtigte Yovel bei diesem resümierenden Befund nicht.

Die subtil-reflektierte nationale Lesart Spinozas, die er in seiner Monografie von 1988 entfaltet hatte, vertrat Yovel ein Vierteljahrhundert später auch in der ausführlichen Einleitung zu seiner neuen *Ethik*-Übersetzung. Diese Lesart bildete im Wesentlichen die Zielscheibe der radikalen Kritik an dem Übersetzungsunternehmen, die 2005 in der ersten Ausgabe der von Yitzhak Laor herausgegebenen Zeitschrift *Mita'am* erschien; dadurch, dass sie in der *Haaretz* begeistert aufgenommen wurde, konnte sie einige Breitenwirkung erzielen. Der Autor, Oded Schechter, ultraorthodox erzogen und antizionistisch orientiert, stellt Yovels Neuübersetzung ausdrücklich nicht auf den philologischen Prüfstand, sondern kritisiert den politisch-philosophischen Impetus, den er hinter ihr zu erkennen meint. Auf Yovels »Marranen-These« und die Heranziehung von Auschwitz als »metaphysisch-ontologischem Code des nationalen Säkularismus« abhebend, betrachtet er die Übersetzung des israelischen Philosophen als Ausdruck einer zionistisch-nationalstaatlichen Vereinnahmung von Sprache und Denken, der er als positives Gegenbild die den Geist der jüdischen Diasporatradition atmende Übersetzung Klatzkins gegenüberstellt. Es handelt sich hierbei aber weniger um einen Angriff gegen Yovel im Namen Klatzkins als um eine Verteidigung der Übersetzung Klatzkins gegen den Angriff

Yovels, insofern dieser deren Hebräisch für tot erkläre und nur die offizielle Sprache eines Nationalstaats, in dem Kommissionen die Sprache regeln, für lebendig erachte.

Christoph Schmidt hat im Gegenzug auf Schechters Außerachtlassung der Ideologie Klatzkins hingewiesen und die scharfe Kritik an Yovel nicht weniger scharf als letzte Stufe des »einseitigen Rückzugs von der Wirklichkeit« beschrieben, wie er den postzionistischen Diskurs kennzeichne. In der Tat schlugen sich Klatzkins extremzionistischer Formalismus und seine radikale Diaspora-Verneinung in der Auffassung nieder, durch die Hebraisierung der *Ethik* das lateinische Original Spinozas auf seine eigentlich hebräische Essenz zurückzuführen – was dem pragmatischen Ansatz Yovels wiederum fernlag. Andererseits ist zu bedenken, dass Klatzkins Ideologie sich in seiner Übersetzung, die das Hebräisch der jüdischen Philosophie der Diaspora verwendet, ja gerade nicht niederschlägt und insofern für diesen Zusammenhang kaum relevant ist. Schechters Kritik, die an Rosenzweigs weiter oben erwähntes Verständnis der hebräischen Sprache erinnert, erscheint in vielen Punkten als durchaus bedenkenswert, wenngleich sie durch ihre starke Überspitzung an Überzeugungskraft einbüßt.

Yovels Leistung, die *Ethik* dem modernen israelischen Leser leichter zugänglich gemacht zu haben, bleibt von solcher Kritik an seiner Spinoza-Interpretation unberührt. Sein Übersetzungswerk erhielt zwar weniger mediale Aufmerksamkeit als einst seine Monografie, fand aber nichtsdestoweniger reißenden Absatz: 2010 druckte der Verlag die sechste Auflage der neuhebräischen *Ethik*, die sich nach ihrem erstmaligen Erscheinen wochenlang, teilweise sogar auf den vorderen Plätzen, in den Sachbuch-Bestsellerlisten halten konnte – kein geringer Erfolg für ein philosophisches Werk aus dem 17. Jahrhundert! Ob Neuübersetzungen in andere Sprachen jemals in vergleichbarer Weise die Bücherregale eines Landes erobert haben, kann bezweifelt werden.

Die große Nachfrage nach dem Buch lässt sich nur zum kleineren Teil durch die allgemeine Renaissance erklären, die Spinoza seit der Wende vom 20. zum 21. Jahrhundert in der westlichen Welt erfahren hat. Vor allem zeugt sie von der besonderen Faszination, die der jüdische Häretiker als nationale Erinnerungsfigur für säkulare Israelis besitzt. Yovels *Spinoza und andere Häretiker* kommt dabei eine Schlüsselfunktion zu. Es sollte jedoch nicht der Eindruck entstehen, als seien davor und danach nicht noch andere Stimmen im Lande hörbar geworden, die die Erinnerung an den Philosophen wachriefen.

Dass der Philosoph in Israel auch völlig ohne nationale Bezüge zu vermitteln war, zeigt die vom israelischen Armeeradio ausgestrahlte Vortragsreihe Yosef Ben Shlomos, die 1983, also fünf Jahre vor Yovels Studie, in der auflagenstarken und eine breite Leserschaft erreichenden Reihe »Rundfunk-Universität« (»Universita Meshuderet«) erschien. In seiner konzisen populärwissenschaftlichen Darstellung erklärt Ben Shlomo, seinerzeit Professor für jüdische Philosophie an der Universität Tel Aviv, das »Kapitel des jüdischen Spinoza« mit dem Bann für beendet und betont, wie später auch Yovel, den fundamentalen Widerspruch zwischen Spinozas Lehre und dem Judentum sowie den anderen monotheistischen Religionen. Die Frage nach Spinozas paradigmatischer jüdischer Existenz aus säkular-nationalem Blickwinkel behandelt er bewusst nicht.

Die bislang radikalste Kritik an der staatlichen Verfassung Israels aus dezidiert spinozistischer Perspektive stammt von Gershon Weiler (1926–1994). Der Tel Aviver

Philosoph, der später in Australien lehrte, veröffentlichte 1976 seine Streitschrift *Jüdische Theokratie,* die auf der These beruht, dass die jüdische Religion und die Existenz des Staates Israel von Grund auf in absolutem Gegensatz zueinander stünden. Ein seinem Wesen nach jüdischer Staat sei insofern – anders als ein Judenstaat – per definitionem ein Ding der Unmöglichkeit; zwischen dem Zionismus als einer gegen die jüdische Tradition rebellierenden säkularen Nationalbewegung und dem halachischen Judentum könne es eigentlich keinen Kompromiss geben. Den real existierenden Kompromiss zwischen beiden Seiten in Form des in Israel herrschenden »Status Quo«, betrachtet Weiler als ein Übel, das den Staat mittelfristig zu zerstören drohe. Religionsfreiheit herrsche in Israel nur in dem positiven Sinne, das jeder seinen Glauben frei ausüben dürfe, aber nicht im negativen Sinne einer Freiheit von der Religion. Die Zukunft des Staates hänge davon ab, ob es ihm gelänge, die Macht des jüdischen Religionsgesetzes (Halacha) in zahlreichen politischen und gesellschaftlichen Bereichen zurückzudrängen und an seine Stelle eine neue normative liberal-demokratische Legitimation zu setzen. Im Vorwort, das er als überzeugter Zionist explizit auf Herzls Geburtstag datierte, bezeichnete Weiler sein Buch dabei als bloße »Fußnote zu Spinoza«, auf dessen antitheokratische Staatslehre er sich bei seiner Kritik dann auch im Wesentlichen stützte. Am Ende des Kapitels »Der Staat Israel und die jüdische Religion« schreibt er:

»Während jeder einsieht, dass Israel ein ›religiöses Problem‹ hat, gibt es nur sehr Wenige, die die Frage über unmittelbare Alltagsnotwendigkeiten des politischen Kompromisses hinaus durchgedacht haben. Sehr Wenige haben gewagt, offen für die Säkularisierung des vergangenen Jahrhunderts, den klaren säkularen Charakter des Staates Israel einzustehen und die absolute Unmöglichkeit zuzugeben, in Israel sowohl die Bedürfnisse der Demokratie als auch die der Halacha zu befriedigen. Ich könnte meine Argumente zusammenfassen, indem ich wiederhole, dass die Warnungen Spinozas hinsichtlich der Theokratie beherzigt werden sollten.«

Weilers kämpferisches Plädoyer für den israelischen Säkularismus erschien ein Jahr vor jener politischen Zeitenwende, die dem Land seitdem – mit der signifikanten Ausnahme der Regierung Yitzhak Rabins zwischen 1992 und 1995 – eine weitgehende Abkehr vom Linkszionismus hin zur Hegemonie des Rechtszionismus beschert hat. Gleichzeitig ist ein demografischer und politischer Machtzuwachs des religiösen Bevölkerungssektors zu verzeichnen gewesen.

Vor diesem Hintergrund wirkt die jüngste Indienstnahme Spinozas für die israelische Säkularismusdebatte durch Gideon Katz im Vergleich zu Weiler sehr konservativ. Katz, der an der Ben-Gurion-Universität in Beer Sheva lehrt und am gleichnamigen Forschungsinstitut in Sede Boker forscht, führt Spinoza in einer 2011 auf Hebräisch und Englisch erschienenen Studie über den israelischen Säkularismus und Spinozas Philosophie der Kultur als philosophischen Vermittler zwischen Säkularismus und religiöser Tradition ins Feld. Historisch begründet er dies mit der tiefen Verankerung des Philosophen im zionistisch-israelischen Diskurs, philosophisch mit Spinozas Realismus in Hinsicht auf die Masse des einfachen Volkes, die wegen ihres eingeschränkten Vernunftvermögens und ihrer Affektbehaftung mittels einer aufgeweichten Form von Religion zu politischem Gehorsam zu bewegen sei. Dabei macht sich Katz gegenüber der durch Nietzsche geprägten Spinoza-Rezeption im Sinne eines Gott tötenden »metaphysischen Säkularismus« für das Bild eines »blassen Gottes« stark, der zwar keine auf Offenbarungsglauben gestützte transzendentale Autorität mehr besitzt, aber weiterhin lebensweltlichen und kulturellen Halt in der Tradition verbürgt. Diese Kompromisslösung sieht er unter den israelischen *massortim* (Traditionellen) verwirklicht, denen sich etwa ein Drittel der jüdischen Bevölkerung des Landes zurechnet. Diese zum Großteil orientalischen Juden zeichnen sich vor allem durch ihre selektive, eher undogmatische Adaption religiöser Bräuche aus. Wenn Katz dem israelischen Säkularismus ihren Weg als pragmatisches Erfolgsmodell anempfiehlt, kann er sich durchaus auf einige elitäre Positionen aus Spinozas politischer Philosophie stützen; ob er mit seiner originellen Lesart gegen den radikal-aufklärerischen Strich von Spinozas Rezeptionsgeschichte der von ihm anvisierten »Rationalisierung der Gesellschaft« wirklich dient, sei dahingestellt – von der von Weiler adressierten Verfassungsfrage in Bezug auf das Verhältnis von Staat und Religion ganz zu schweigen.

Es bleibt abzuwarten, wie israelische Philosophen Spinoza künftig für die Auseinandersetzung mit diesem Themenkomplex fruchtbar machen werden – wobei stärker berücksichtigt werden müsste, dass es sich bei Israel, dessen Name bereits auf die sakrale Aufladung seiner politischen Begriffswelt verweist, seiner Konstitution als jüdischer Staat nach von Anfang an um ein »politisch-theologisches Projekt der Moderne« (Dan Diner) handelt.

Spinoza hat seit jeher aber nicht nur Philosophen inspiriert, sondern ebenso Wissenschaftler anderer Disziplinen, Literaten und Künstler. Auch in Israel blieb das Interesse an ihm nicht auf den philosophisch-akademischen Diskurs beschränkt.

Wie sehr Spinoza ins Herz der israelischen Gesellschaft Eingang gefunden hat, zeigt das Beispiel von Jonathan Geffen. Der 1947 im traditionsreichen Moshav Nahalal geborene Dichter, Schriftsteller, Publizist und Songwriter ist ein vielseitiger Künstler. Er entstammt einer Familie der alten Pionierelite des Landes, ist ein Neffe des legendären Generals und Verteidigungsministers Moshe Dayan, Vetter des Schauspielers und Filmemachers Assi Dayan und Vater des Rockstars Aviv Geffen. Mit unzähligen Gedichten, Satiren und Songtexten, später auch mit seiner kritischen Kolumne in der Tageszeitung *Maariv* wurde er zu einer kulturellen Ikone des modernen Israel.

1985 veröffentlichte Geffen in einem Lyrikband nebeneinander zwei Spinoza-Gedichte in freien Rhythmen. Das erste, *Vorfall im Café »Olga«*, handelt von zwei jungen Israelis, die zwei einander widerstreitende Lebensformen repräsentieren und bei einem angespannten Rendezvous in einem Tel Aviver Café zusammensitzen. Er, mit einer Kippa auf dem Kopf, ist aus Enttäuschung vom Leben im Kibbuz zum jüdischen Glauben zurückgekehrt. Sie, mit großen Augen und kurz geschnittenem Haar, studiert im zweiten Jahr Philosophie und fordert von ihrem Gegenüber den schlagenden Gottesbeweis; unter dem Tisch »berühren sich die Knie und berühren sich nicht«. Er windet sich und murmelt von dem Menschen, dem Rambam (Maimonides), der Schechina (Gegenwart Gottes), dem Sabbat; sie blickt auf die Uhr und sagt: »Oh, ich komme zu spät zu Spinoza/Verzeih mir, ich muss los«.

Das zweite Gedicht, *Für Spinoza*, kann als Ausdruck eines Pantheismus gelesen werden, der die Formel »Gott oder Natur« anders als Spinoza mit seinem an der antiken griechischen Philosophie orientierten Naturbegriff vornehmlich auf die Natur als »grüne Welt« bezieht – ähnlich wie es einst beim jungen Goethe der Fall war. Den Schauplatz bildet hier aber keine blütendampfende Frühlingswiese im Elsass oder in Thüringen, sondern der Kulturboden des Moshav, jener neben dem Kibbuz für Israel typischen genossenschaftlichen Siedlungsform, der Geffen selbst entstammt. Agrarromantische Assoziationen weckende Topoi werden dabei mit einer resignativen, auf Mühsal und Arbeit abhebenden Grundstimmung konfrontiert. Am Ende bleibt es unklar, ob der Weg zu Gott in der kontemplativen Naturbetrachtung liegt oder in der unermüdlichen Arbeit nach Art der Ameisen.

> Gestern ging ich mit meiner Tochter
> zu einem abendlichen Spaziergang im Schoß der Plantagen
> zu meiner Überraschung unterschied ich zwischen zwei
> Sorten von Avocado nur anhand
> der Blätter und im Wadi zwischen den Zitrusgärten
> fiel ich plötzlich auf meine Knie
> und untersuchte einen Grashalm
> mein Kind hob einen schweren Stein
> fast über seine Kräfte hinaus
> und zusammen beobachteten wir
> lange Zeit die Kolonnen der Ameisen
> die ihre Last tragen in einer ewigen schwarzen Karawane
> und dies ist unser einziger Weg zu Gott

Auch der 1939 in Tel Aviv geborene Dramatiker Joshua Sobol hat sich im Laufe seiner international erfolgreichen Karriere Spinoza zugewandt. 1987 nahm er an der ersten Konferenz von Yovels Spinoza-Institut teil und drei Jahre später widmete er dem Philosophen ein ganzes Theaterstück mit dem Titel *Solo*. Sobol begann seine Arbeit an diesem Drama in London, wo er damals lebte, und verfasste es sowohl auf Englisch als auch auf Hebräisch. Die internationale Uraufführung fand im November 1991 am Theater De Appel in Den Haag statt, die israelische noch im selben Monat im Nationaltheater Habima in Tel Aviv.

Den Handlungsrahmen des Stücks bilden Spinozas letzte Lebensmomente in seiner Den Haager Behausung. In Anwesenheit einer Prostituierten blickt der Philosoph vom Totenbett aus auf sein Leben zurück, wobei die Erinnerung um den Bann und den ihm vorangegangenen Monat kreist. In einem komplexen Gewebe von Zeit und Raum vermischt Sobol reale und fiktive historische Ereignisse und Figuren. Spinoza erscheint hier als durchaus affektbefallener Mensch aus Fleisch und Blut, vor allem aber als selbstbewusster Freidenker, der sowohl gegenüber den religiösen Autoritäten als auch gegenüber dem Druck der Gemeinschaft unbeugsam bleibt. Das Drama schließt mit seinen letzten Worten, die, das Ende der *Ethik* zitierend, an den hohen Preis der Freiheit und ihre Seltenheit gemahnen.

Dass er bei all dem auch Israel im Blick hatte, verhehlte Sobol nicht. Die Endphase der Arbeit an dem Stück fiel mit seiner Rückkehr in sein Heimatland zusammen, dem er zwei Jahre zuvor den Rücken gekehrt hatte. 1988 war er nach heftigen Proteststürmen nach der Aufführung seines Stücks *Das Jerusalem-Syndrom* von seinem Posten als künstlerischer Leiter des Stadttheaters von Haifa zurückgetreten. Im Vorfeld der Tel Aviver Uraufführung von *Solo* bezog er sich nun gegenüber der *Haaretz* mit Furor auf die immer wiederkehrenden Versuche, so auch die Ben-Gurions, »Spinoza zu verzeihen«. Dies sei eine »Beleidigung der säkularen Öffentlichkeit in Israel«; würde Spinoza die Handlungen des israelischen Rabbinats sehen, das »noch viel verkommener« sei als das Amsterdamer seiner Zeit, würde er »ihnen die Verzeihung ins Gesicht schmeißen«. *Haaretz*-Autor Michael

Ohed schloss seinen Artikel mit der Bemerkung, es sei kaum anzunehmen, dass am Ende der Aufführung von Sobols Stück ein »Publikum frischer Spinozisten« aus dem Theater strömen werde; aber hier und da würden sich schon Zuschauer, »das nächste Mal, wenn unsere Rabbiner mit frommer Hand nach noch mehr Millionen Schekel aus dem Staatshaushalt greifen, an die Verweigerung Spinozas« erinnern.

So dienen Spinozas Leben und Denken in Sobols Drama als historisches Lehrstück für die israelische Gesellschaft des ausgehenden 20. Jahrhunderts. Wenn der charismatische Hauptdarsteller von *Solo,* der damals 27-jährige Roni Pinkovitch, sich in zeitgenössischem Neuhebräisch über religiösen Aberglauben erhob, die Unterschiede zwischen Christen, Juden und Moslems für obsolet erklärte und vorschlug, den Staat dadurch zu reformieren, dass man ihn von der Religion trenne, mochte der Philosoph manchem Israeli noch näher sein als in Werkübersetzungen und gelehrten Abhandlungen.

Selbst zum Israeli wurde der Philosoph aber erst einige Jahre später – und dies nicht auf der Bühne, sondern auf der Leinwand. Diesen vor dem Hintergrund der israelischen Spinoza-Welle im Anschluss an Yovel fast schon konsequent erscheinenden Schritt unternahm der bekannte israelische Filmemacher Igal Bursztyn. 1941 als Sohn polnischer Juden in Manchester geboren und 1957 nach Israel eingewandert, hatte dieser Mathematik und Philosophie studiert, um dann für ein Jahr zum Studium der Filmwissenschaften nach London zu gehen. Zurück in Israel, machte er sich als Filmkritiker und Regisseur einen Namen. Seit 1973 hat er zudem am Seminar für Kino und Fernsehen an der Universität Tel Aviv gelehrt. In einem 1990 erschienenen Buch zur Darstellung von Gesichtern in der Geschichte des israelischen Films vertrat

Bursztyn den Standpunkt, das Kino müsse als Ausdruck des kollektiven Bewusstseins Israels betrachtet werden. Zu jener Zeit hatte er bereits die Arbeit an seinem neuen Film begonnen, der Spinozas Leben in das moderne Israel verlegte und 1997 unter dem Titel *Glück ohne Grenzen (Osher le-lo Gvul)* in die Kinos kam. Für sein Drehbuch gewann der Regisseur den Preis des Jerusalemer Filmfestivals, und auch die israelische Filmakademie zeichnete ihn in derselben Kategorie aus. Ein Publikumserfolg war der Streifen in erster Linie in Tel Aviv, wo er 13 Wochen lang gezeigt wurde.

Die Idee zu dem Film war Bursztyn Ende der 1980er Jahre bei einem Besuch in Amsterdam gekommen, wo er im Haus eines Freundes auf eine Biografie über Spinoza stieß. Ihn fesselte damals vor allem die in der Literatur überlieferte, wenngleich historisch nie verifizierte Episode, wonach sich der Philosoph 1672 im Rahmen des Niederländisch-Französischen Kriegs zu diplomatischen Gesprächen im Utrechter Feldlager des französischen Generals Prinz Louis II. de Bourbon, genannt Le Grand Condé, einfand. Bursztyn fühlte sich dabei an den späteren israelischen Staatspräsidenten Ezer Weizmann erinnert, der sich 1989 als Verkehrsminister der Einheitsregierung unter Yitzhak Shamir wegen geheimer Friedenskontakte mit der Palästinensischen Befreiungsorganisation (PLO) Hochverratsvorwürfen ausgesetzt gesehen hatte. Das kühne Unternehmen, Spinozas Lebensgeschichte in das zeitgenössische Israel zu verlegen, war vom Regisseur also nicht als ironischer Schlussakt der zionistischen Apotheose des Philosophen konzipiert; es lässt sich dennoch als solcher lesen.

Der Film spielt zum Großteil in Holon, einer eher kleinbürgerlichen, von eintönigen Mietshäusern geprägten Vorstadt von Tel Aviv. Bursztyn hatte bewusst einen gesichtslosen Ort gewählt, der keine besonderen Assoziationen weckt, außer der, dass er typisch israelisch ist. Die konsequent durchgehaltene Grundspannung der Komödie entsteht nicht zuletzt daraus, dass das israelische Setting pro forma nur den äußeren und sprachlichen Hintergrund für die Handlung abgibt, die von einem Erzähler aus dem Off immer wieder ins Holland des 17. Jahrhunderts zurückgeholt wird. Schlüsselmomente und Personen aus Spinozas Biografie werden so mit der israelischen Gegenwart vermengt, wie sie sich zumal im problembeladenen Leben seiner Nachbarn niederschlägt. Auch der israelisch-palästinensische Konflikt und der in den späten 1990er Jahren alltägliche Terror sind stets präsent. Spinoza zeigt sich dabei in stoischer Gelassenheit stets um friedlichen Ausgleich bemüht und über religiöse und nationale Konfliktlinien erhaben.

Bursztyn konnte zu jener Zeit noch nicht ahnen, dass sich ausgerechnet sein Hauptdarsteller, der populäre israelische Sänger und Songwriter Ariel Silber (geb. 1943), einige Jahre nach dem Dreh als nationalreligiöser Rechtsextremist entpuppen würde. In seiner ersten und einzigen Filmrolle spielt er Spinoza als stoffeligen, bisweilen regelrecht autistisch wirkenden Exzentriker in T-Shirt und Jeans, der mit seiner Umwelt durchweg in Form von Zitaten aus den Werken seines historischen Doppelgängers kommuniziert, die mal mehr, mal weniger zur jeweiligen Situation passen. Wäre die Distanz zwischen ihm und seinen israelischen Gesprächspartnern geringer, wenn der Drehbuchautor ihm die Weisheiten aus der *Ethik* im zeitgemäßen Neuhebräisch Yovels statt im mittelalterlichen Hebräisch Klatzkins in den Mund gelegt hätte? Wahrscheinlich nicht. Wenngleich Spinoza in einer die surreale Grundkonstellation des Films auf die Spitze treibenden Szene von seinem Professor an der

Universität darauf hingewiesen wird, es sei an der Zeit, dass seine Werke in das heutige Hebräisch übersetzt würden, zielte Bursztyn damit nicht auf Yovel ab (der sich im Übrigen an dem Filmvorhaben nicht interessiert zeigte).

Um Spinozas Leben Erotik zu verleihen, wird seine von der Forschung ins Reich der Legende verwiesene Liebesbeziehung mit Franciscus van den Endens Tochter Clara-Marie (Yael Almog) im Film real vollzogen, wobei sich diese jedoch nach der ersten Nacht aufgrund der unromantischen Äußerungen des Philosophen zur Natur der Affekte vorerst von ihm abwendet. Von seinen Nachbarn wird er als ruhender Pol in ihrem chaotischen Alltag geschätzt, wenn auch kaum ernst genommen. Dies ficht ihn ebenso wenig an, wie die Tatsache, dass er als Häretiker von zwei Spionen der weltlichen Inquisition (Agenten des israelischen Inlandsgeheimdienstes Shabak) rund um die Uhr überwacht und durch eine Gruppe israelischer Ultraorthodoxer von einem Kleinbus aus per Megafon mit dem Bann belegt wird.

Die wesentliche Verwandlung von Bursztyns Spinoza vollzieht sich kurz vor Ende des rund 90-minütigen Films. Nachdem er bis dahin ausschließlich in Zitaten des historischen Spinoza gesprochen hat, zwingt ihn seine vom Schicksal geschlagene Nachbarin Alisa (Ofra Weingarten), eine Erdkundelehrerin, die noch nie im Ausland war, dazu, endlich die in Israel ubiquitäre Aufmunterungsformel »Yihiye beseder« (in etwa: »Alles wird gut«) auszusprechen. Erst dadurch wird Spinoza vollends zum normalen Israeli. Gleichzeitig hört er damit aber auch auf zu philosophieren. An dieser Stelle vollzieht der Regisseur eine scharfe biografische Wendung: Unmittelbar nach dem Gespräch mit Alisa entschließt sich Spinoza, doch dem – historisch tatsächlich ergangenen, von dem

Erwählten aber in einem berühmten Brief aus Sorge um seine philosophische Freiheit abgelehnten – Ruf an die Universität Heidelberg zu folgen. Sodann telefoniert er in freiem Neuhebräisch mit seiner verflossenen Liebe Clara-Marie, die umgehend erscheint und ihn zum Bleiben bewegt. Die Ablehnung des ehrenvollen Angebots einer Professur erfolgt hier also nicht »aus Liebe zu einer Ruhe, die ich mir auf andre Weise nicht bewahren zu können glaube« (Ep, 207), sondern aus Liebe zu einer Frau. In der Schlussszene läuft das glückliche Paar die Straße entlang, flankiert von den Nachbarn und den anderen Filmfiguren, die in friedlicher Eintracht und geradezu messianischer Verzückung Spinoza-Zitate vortragen, gipfelnd im gemeinsamen Absingen des Schlusssatzes der *Ethik:* »Alles, was vortrefflich ist, ist ebenso schwierig wie selten« (E, 595).

Im Nachspann weist der Erzähler schließlich noch auf Spinozas Ehelosigkeit und frühen Tod hin, um den Zuschauer dann mit folgender Weisheit zu entlassen: »Ein freier Mensch denkt an nichts weniger als an den Tod; und seine Weisheit ist ein Nachdenken über das Leben, nicht über den Tod« (E, 495). Was Bursztyn mit dieser abschließenden, im politischen Kontext Israels durchaus brisanten Sentenz genau zum Ausdruck bringen will, erschließt sich aus der vorherigen Handlung nicht wirklich. Handelt es sich hier um einen allgemeinen Aufruf zur Lebensbejahung oder steckt noch mehr dahinter? Wie vieles in dem Film bleibt auch dies offen.

Haaretz-Filmkritiker Uri Klein bemängelte bei allem Respekt vor der stilistischen Einheitlichkeit und inneren Kohärenz von Bursztyns Werk so auch, dass nicht klar werde, wofür Spinoza hier eigentlich stehe, ob für sich selbst oder die Philosophie im Allgemeinen. Es sei schwer zu erkennen, welche Rolle ihm zukomme »in seiner gegenwärtigen Metamorphose, in der neuen Realität, in die er hingeraten ist, ob er sie beeinflusst oder sie ihn, oder ob das eigentlich egal ist«.

Ins Grundsätzliche gewendet, beschleicht dieser fragende Zweifel auch den, der Bursztyns Film als humoristische israelische Coda jener zionistischen Aneignung betrachtet, die Spinoza seit Moses Hess erfahren hat. Als Lehrmeister der Affektkontrolle in Krisensituationen (Ben-Gurion), als Vorbild für kosmische Selbstbescheidung des Menschen (Geffen) und nicht zuletzt als Vordenker des von religiösem Machteinfluss befreiten säkularen Staates (Weiler, Sobol) kann Spinoza mit seiner Philosophie der Immanenz (Yovel) auch in Israel heilsam wirken. Doch gleicht er seinem Leben und Werk nach einem Punkt, der sich nicht in die Fläche eines nationalen Kollektivs ziehen lässt. Den jüdischen Staat hat er weder vorhergesehen noch herbeigewünscht; dass er in ihm seine politischen Ideale verwirklicht gesehen hätte, ist zu bezweifeln. Dies soll aber nicht heißen, dass Spinoza keine israelische Zukunft mehr vor sich hat. Schließlich möge, um es mit Goethe zu sagen, »auch hier nicht verkannt werden, daß eigentlich die innigsten Verbindungen nur aus dem Entgegengesetzten folgen«.

Quellen und Literatur

Werkausgaben Spinozas

Compendium Grammatices Linguae Hebraeae: Spinoza Opera, im Auftrag der Heidelberger Akademie der Wissenschaften hg. von Carl Gebhardt, Bd. 1, Heidelberg 1925, 283–403 (nachfolgend CGLH); *Ethica Ordine Geometrico demonstrata:* Ethik in geometrischer Ordnung dargestellt (=Sämtliche Werke, Bd. 2), neu übersetzt, hg. und mit einer Einleitung versehen von Wolfgang Bartuschat, 3., verbesserte Aufl., Hamburg 2010 (nachfolgend E); *Epistolae:* Briefwechsel (=Sämtliche Werke, Bd. 6), Übersetzung und Anmerkungen von Carl Gebhardt, 2., durch weitere Briefe ergänzte Aufl. mit Einleitung und Bibliografie von Manfred Walther, Hamburg 1977 (nachfolgend Ep.); *KorteVerhandeling van God, de Mensch en deszelvsWelstand:* Kurze Abhandlung von Gott, dem Menschen und dessen Glück (=Sämtliche Werke, Bd. 1), auf der Grundlage der Übersetzung von Carl Gebhardt neu bearb., eingeleitet und hg. von Wolfgang Bartuschat, Hamburg 1991 (nachfolgend KV); *Tractatus politicus:* Politischer Traktat (=Sämtliche Werke, Bd. 5.2), neu übersetzt, hg., mit Einleitung und Anmerkungen versehen von Wolfgang Bartuschat, 2., verbesserte Aufl., Hamburg 2010 (nachfolgend TP); *Tractatus theologico-politicus:* Theologisch-politischer Traktat (=Sämtliche Werke, Bd. 3), auf der Grundlage der Übersetzung von Carl Gebhardt neu bearbeitet, eingeleitet und hg. von Günter Gawlick, 3., durchgesehene Aufl. mit neuer Auswahlbibliografie, Hamburg 1994 (nachfolgend TTP).

Die hebräischen Übersetzungen der *Ethik*

Torat ha-midot [Die Sittenlehre], übersetzt und mit einer Einleitung, Anmerkungen, einem Stellennachweis und Begriffsübersetzungen und -erklärungen versehen von Jakob Klatzkin, Tel Aviv 1954 (Neuausgabe; nachfolgend Klatzkin); *Ḥeker Eloha im torat ha-adam* [Die Erforschung Gottes mit der Wissenschaft des Menschen], übersetzt und mit einer Einleitung versehen von Shlomo Rubin, Wien 1885 (nachfolgend Rubin); *Ethika* [Ethik], übersetzt und mit einer Einleitung und Anmerkungen versehen von Yirmiyahu Yovel, Tel Aviv [6]2010 (nachfolgend Yovel).

Tel Aviv – Amsterdam

Zur Geschichte Tel Avivs und seiner Mythen vgl. Maoz Azaryahu, Tel Aviv. Mythography of a City, Syracuse, N. Y., 2007 (hier auch das Zitat von Joseph Klausner, 269); Barbara E. Mann, A Place in History. Modernism, Tel Aviv, and the Creation of Jewish Urban Space, Stanford, Calif., 2006, hier XII, 5; Sharon Rotbard, White City, Black City, Tel Aviv 2005 (hebr.).

Grundlegend zur Geschichte der Straßennamen in Israel nun: Maoz Azaryahu, Al shem. Historia we-politika shel shmot reḥohvot be-Israel [Auf den Namen. Geschichte und Politik von Straßennamen in Israel], Jerusalem 2012. Der Hintergrund der Verlegung der Spinozastraße erschließt sich aus: Stadtarchiv Tel Aviv, 4-2624 A, Israel Rokach, Le-iniyan shmot le-reḥovot [In der Angelegenheit der Straßennamen] (Antwort an I. Yarchi), o. D. (wahrscheinlich Februar 1935); ebd., 4-2630 A, Protokol me-birur be'ayat shmot ha-reḥovot we-misparim le-batim be-Tel Aviv-Yafo [Protokoll von der Klärung des Straßennamen- und Hausnummernproblems in Tel Aviv-Yafo], 10. Dezember 1954; Aharon Ze'ev Ben-Yishai, Tel Aviv we-reḥovoteya [Tel Aviv und seine Straßen], Tel Aviv-Yafo 1952, 42; ders., Mitteilung, in: Yedioth Iriyat Tel Aviv 11/12 (1934), 466. Der Verfasser dankt Maoz Azaryahu sehr herzlich für die Quellen und unersetzliche Einblicke in die kulturelle Geografie Tel Avivs.

Hermann Cohen, Spinoza über Staat und Religion, Judentum und Christentum (1915), in: Hermann Cohens jüdische Schriften, hg. von Bruno Strauß, 3 Bde., 3. Bd.: Zur jüdischen Religionsphilosophie und ihrer Geschichte, Berlin 1924, 290–372, hier 371, 360f. und 363; Binyamin Mintz/Eliezer Steinmann (Hg.), Sefer ha-shmot shel reḥovot Tel-Aviv [Das Namenbuch der Straßen Tel Avivs], Tel Aviv 1944, 8, 163f.; Julius Guttmann, Die Philosophie des Judentums, München 1933, 278.

Eine ebenso klassische wie lesenswerte Darstellung zur Geschichte Hollands im Goldenen Zeitalter bietet: Johan Huizinga, Holländische Kultur im siebzehnten Jahrhundert, Frankfurt a.M. 1977 (zuerst 1941). Für einen konzisen Überblick neueren Datums zu empfehlen: Michael North, Geschichte der Niederlande, 3., durchgesehene und aktualisierte Aufl., München 2008, 37–65. Das Zitat Antonio Negris findet sich in: ders., Die wilde Anomalie. Baruch Spinozas Entwurf einer freien Gesellschaft, Berlin 1982, 21.

Zur westsephardischen Diaspora hat Yosef Kaplan wegweisende Studien vorgelegt: ders., An Alternative Path to Modernity. The Sephardi Diaspora in Western Europe, Leiden/Boston, Mass./Köln 2000, 17; speziell zur Amsterdamer Gemeinde: ders., Art. »Esnoga«, in: Enzyklopädie jüdischer Geschichte und Kultur, im Auftrag der Sächsischen Akademie der Wissenschaften zu Leipzig hg. von Dan Diner (nachfolgend EJGK), Bd. 2, Stuttgart 2012, 254–262; ders., Amsterdam, the Forbidden Lands, and the Dynamics of the Sephardi Diaspora, in: ders. (Hg.), The Dutch Intersection. The Jews and the Netherlands in Modern History, Leiden/Boston, Mass., 2008,

33–62. Siehe auch Bernard Dov Cooperman, Amsterdam from an International Perspective. Tolerance and »Kehillah« in the Portuguese Diaspora, in: Yosef Kaplan (Hg.), The Dutch Intersection, 1–18. Vor einer v. a. bei amerikanisch-jüdischen Autoren anzutreffenden Überbewertung der Amsterdamer Konstellation als Ursprung der jüdischen Moderne warnt: Adam Sutcliffe, Imagining Amsterdam. The Dutch Golden Age and the Origins of Jewish Modernity, in: Jahrbuch des Simon-Dubnow-Instituts/Simon Dubnow Institute Yearbook 6 (2007), 79–97. Grundlegend zum Phänomen der Marranen: Yirmiyahu Yovel, The Other Within. The Marranos. Split Identity and Emerging Modernity, Princeton, N. J., 2009, XVI.

Aus der umfangreichen Literatur zu Spinozas Leben und Werk können hier nur einige neuere Titel hervorgehoben werden. Die beste Einführung: Richard H. Popkin, Spinoza, Oxford 2004; die Standardbiografie: Steven Nadler, Spinoza. A Life, Cambridge/New York 1999. Eine wertvolle Zusammenstellung der verfügbaren Quellen bietet: Baruch de Spinoza, Lebensbeschreibungen und Dokumente, vermehrte Neuausgabe. Mit Erläuterungen hg. von Manfred Walther (Übersetzung der Lebensbeschreibungen von Carl Gebhardt), Hamburg 1998 (der Wortlaut des Banns: 230f.). Deutschsprachige Einführungen: Wolfgang Bartuschat, Baruch de Spinoza, 2., aktualisierte Aufl., München 2006; Wolfgang Röd, Benedictus de Spinoza. Eine Einführung, Stuttgart 2002; Helmut Seidel, Baruch de Spinoza zur Einführung, Hamburg 1994. Empfehlenswert ist auch: Matthew Stewart, The Courtier and the Heretic. Leibniz, Spinoza, and the Fate of God in the Modern World, New York/London 2006. Klassisch zum marranischen Aspekt und zur Rezeptionsgeschichte: Yirmiyahu Yovel, Spinoza. Das Abenteuer der Immanenz, Göttingen 1996 (zuerst hebr. 1988). Speziell zur Frage des Banns siehe v. a. Jonathan Israel, Philosophy, Commerce and the Synagogue. Spinoza's Expulsion from the Amsterdam Portuguese Community in 1656, in: ders./Reinier

Salverda (Hgg.), Dutch Jewry. Its History and Secular Culture (1500–2000), Leiden/Boston, Mass./Köln 2002, 125–139; Odette Vlessing, The Excommunication of Baruch Spinoza. The Birth of a Philosopher, in: Israel/Salverda (Hgg.), Dutch Jewry, 141–172. Für zwei gegensätzliche Positionen zur Frage von Spinozas Judentum vgl. Wiep van Bunge, Spinoza's Jewish Identity and the Use of Context, in: Studia Spinozana 13 (1997), 100–118; Steven Nadler, The Jewish Spinoza, in: Journal of the History of Ideas 70 (2009), 491–510. Erst nach Abschluss der vorliegenden Studie erschienen die beiden folgenden Darstellungen zur allgemeinen jüdischen Rezeptionsgeschichte Spinozas: Daniel B. Schwartz, The First Modern Jew. Spinoza and the History of an Image, Princeton, N. J./Oxford 2012; Jan-Hendrik Wulf, Spinoza in der jüdischen Aufklärung, Berlin 2012.

Das Zitat Dan Diners zur Sakralität Jerusalems findet sich in: ders., Zeitenschwelle. Gegenwartsfragen an die Geschichte, München 2010, 84. Haim-Hillel Ben-Sasson, Vom 7. bis zum 17. Jahrhundert. Das Mittelalter, in: ders. (Hg.), Geschichte des jüdischen Volkes. Von den Anfängen bis zur Gegenwart, München ^{3}1995 (zuerst hebr. 1969), 473–883 (die Passagen zu Spinoza: 879–883, hier 880); die Äußerungen Yoram Hazonys in: ders., Goodbye Spinoza, in: Jerusalem Letters, 13. Januar 2010, <http://jerusalemletters.com/jletters/articles/goodbye-spinoza> (29. Juli 2013). Für diesen Titel und viele andere wertvolle Hinweise dankt der Verfasser Martin Ritter (Berlin). Yishai Cordova, Rishon ha-Israelim ha-ḥilonim [Der erste säkulare Israeli], in: Haaretz, 27. Januar 1999; zu den Invektiven Yaacov Amidrors siehe auch Hana Kim, Lama she-na'amin lo? [Warum sollten wir ihm glauben?], in: Haaretz, 28. April 1998. Für die freundliche Hilfe im Archiv der Haaretz (Tel Aviv) sei Yaacov Biton gedankt.

Spinozas Pionierfunktion für die europäische Aufklärung betont: Jonathan I. Israel, Radical Enlightenment. Philosophy and the Making of Modernity 1650–1750, Oxford 2001; ders., Enlightenment Contested. Philosophy, Modernity, and the Emancipation of Man 1670–1752, Oxford 2006. Neuere Einführungen in den *Theologisch-politischen Traktat:* Yitzhak Y. Melamed/Michael A. Rosenthal (Hgg.), Spinoza's »Theological-Political Treatise«. A Critical Guide, Cambridge 2010; Steven Nadler, A Book Forged in Hell. Spinoza's Scandalous Treatise and the Birth of the Secular Age, Princeton, N. J./Oxford 2011. Speziell zur Bedeutung des Werks für die jüdische Moderne vgl. Steven B. Smith, Spinoza, Liberalism, and the Question of Jewish Identity, New Haven, Conn./London 1997. Für den Aspekt des Schreibens unter Verfolgung: Leo Strauss, How to Study Spinoza's »Theologico-Political Treatise« (1948), in: ders., Persecution and the Art of Writing, Chicago, Ill./London 1988 (zuerst 1952), 142–201. Eine frische Perspektive auf die *Ethik* bietet: Steven B. Smith, Spinoza's Book of Life. Freedom and Redemption in the Ethics, New Haven, Conn./London 2003, 200. Die Anschlussfähigkeit von Spinozas Affektenlehre an die moderne Neurobiologie betont: Antonio Damasio, Looking for Spinoza. Joy, Sorrow, and the Feeling Brain, Orlando, Fla., u. a. 2003.

Karl Löwith, Gott, Mensch und Welt in der Metaphysik von Descartes bis zu Nietzsche, Göttingen 1967, 7, 218, 243 und 249 f.; speziell zur Atheismusfrage: ders., Atheismus als philosophisches Problem (1967), in: ders., Wissen, Glaube und Skepsis. Zur Kritik von Religion und Theologie (= Sämtliche Schriften, Bd. 3), Stuttgart 1985, 331–347. Jan Assmann, Moses der Ägypter. Entzifferung einer Gedächtnisspur, Frankfurt a. M. [6]2007, 17, 34. Siehe dazu auch ders., Die Mosaische Unterscheidung oder der Preis des Monotheismus, München 2003. Zur Gattung des Essays vgl. nur Nicolas Berg, Art. »Essay«, in: EJGK, Bd. 2, Stuttgart 2012, 265–271, hier 265.

Die heilige Geschichte

Moses Hess, Die heilige Geschichte der Menschheit. Von einem Jünger Spinozas, Hildesheim 1980 (zuerst Stuttgart 1837), 210, 89, 156f., 343f., 237f., 308–313 und 338–340; ders., Rom und Jerusalem. Die letzte Nationalitätenfrage, Wien/Jerusalem 1935 (zuerst 1862), 5f., 50f., 30f., 22, 84, 185, 84f. und 8f.

Eine klassische Einführung zu Leben und Werk von Hess bietet: Shlomo Avineri, Moses Hess. Prophet of Communism and Zionism, New York/London 1985, 28; vgl. auch ders., Moses Hess. Sozialismus und Nationalismus als Kritik der bürgerlichen Gesellschaft, in: ders., Profile des Zionismus. Die geistigen Ursprünge des Staates Israel, 17 Porträts, Gütersloh 1998, 53–63 (zuerst 1981). Einer ähnlichen Tendenz folgt bereits: Isaiah Berlin, The Life and Opinions of Moses Hess (1959), in: ders., Against the Current. Essays in the History of Ideas, hg. von Henry Hardy, London 1997 (zuerst 1979), 213–251, hier 213. Die ausführlichste und analytisch ergiebigste Studie bleibt Shlomo Na'aman, Emanzipation und Messianismus. Leben und Werk des Moses Hess, Frankfurt a. M. 1982, 37. Außerdem informativ: Edmund Silberner, Moses Hess. Geschichte seines Lebens, Leiden 1966. Speziell zur Rolle Spinozas in Hess' Werk vgl. Yovel, Spinoza. Das Abenteuer der Immanenz, 339–348, hier 348; Adam Sutcliffe, From Moses Unto Moses. Thinking with Spinoza from Mendelssohn to Hess, in: Leipziger Beiträge zur jüdischen Geschichte und Kultur 2 (2004), 41–55.

Als Überblicksdarstellung zur Geschichte der Juden in Deutschland im hier relevanten Zeitraum empfiehlt sich: Michael Brenner/Stefi Jersch-Wenzel/Michael Meyer, Deutsch-jüdische Geschichte in der Neuzeit, 4 Bde., München 1996–2000, Bd. 2: Emanzipation und Akkulturation 1780–1871, München 1996; zur Lage der rheinländischen Juden siehe die Ausführungen von Stefi Jersch-Wenzel in: ebd., 26–38. Die Charakterisierung des Zionismus als »post-emanzipatorisches

Phänomen« findet sich bei Shlomo Avineri, Zionismus als Revolution, in: ders., Profile des Zionismus, 17–27, hier 26. Zu Herzls Urteil über *Rom und Jerusalem* vgl. Theodor Herzl, Zionistisches Tagebuch 1899–1904, bearb. von Johannes Wachten und Chaya Harel (=Briefe und Tagebücher, Bd. 3, hg. von Alex Bein u. a.), Berlin 1985, 240f. (Eintrag vom 2. Mai 1901). Zu Person und Wirken Sabbatai Zwis vgl. die große Studie von Gershom Scholem, Sabbatai Zwi. Der mystische Messias, Frankfurt a. M. 1992.

Zur Kritik der Geschichtsphilosophie siehe Karl Löwith, Weltgeschichte und Heilsgeschehen. Die theologischen Voraussetzungen der Geschichtsphilosophie, Stuttgart 1953, 11f., 136 und 146 (zuerst 1949). Ebenfalls lesenswert ist: Otto Vossler, Geschichte als Sinn, Frankfurt a. M. 1983, 38–67 (zuerst 1979). Zu Spinozas Verhältnis zur Geschichte vgl. Wilhelm G. Jacobs, Spinozas Theologisch-politischer Traktat und das Problem der Geschichte, in: Tradition und Innovation. XIII. Deutscher Kongreß für Philosophie, Bonn 24.–29. September 1984, hg. von Wolfgang Kluxen, Hamburg 1988, 82–89, hier 88f.; siehe auch James C. Morrison, Spinoza and History, in: Richard Kennington (Hg.), The Philosophy of Baruch Spinoza, Washington, D. C., 1980, 173–195. Eine interessante Auseinandersetzung mit Joachim von Fiore findet sich bei: Ernst Bloch, Zur Originalgeschichte des Dritten Reiches (1937), in: Erbschaft dieser Zeit. Erweiterte Ausgabe (=Werkausgabe, Bd. 4), Frankfurt a. M. 1985, 126–152, hier 132 und 136; Jacob Taubes, Abendländische Eschatologie, Berlin 2007 (zuerst 1947). Zu Hegels Spinoza vgl. Yovel, Spinoza, 294–321, hier 316; G. H. R. Parkinson, Hegel, Pantheism, and Spinoza, in: Journal of the History of Ideas 38 (1977), 449–459.

Den Hergang des Pantheismusstreits untersucht: Kurt Christ, Jacobi und Mendelssohn. Eine Analyse des Spinozastreits, Würzburg 1988; eine philosophische Deutung der deutschen Spinoza-Renaissance um 1800 bietet: Birgit Sandkaulen,

»Der Himmel im Verstande«. Spinoza und die Konsequenz des Denkens, in: Zeitschrift für Ideengeschichte 5 (2011), H. 1, 15–28. Friedrich Heinrich Jacobi, Über die Lehre des Spinoza in Briefen an den Herrn Moses Mendelssohn, hg. von Marion Lauschke, Hamburg 2000; Johann Wolfgang von Goethe, Dichtung und Wahrheit, hg. von Klaus-Detlef Müller (= Goethe Werke, Bd. 5), Frankfurt a. M./Leipzig 2007, 562 f. Zur Bedeutung Spinozas für Goethe siehe Hans-Jürgen Schings, Philosoph des Klassischen (1999), in: ders., Zustimmung zur Welt. Goethe-Studien, Würzburg 2011, 297–311; Martin Bollacher, Art. »Spinoza, Baruch de«, in: Goethe Handbuch, 4 Bde. in 5 Tln. und Register, Stuttgart/Weimar 1996–1999, Bd. 4.2: Personen, Sachen, Begriffe L–Z, hg. von Hans Dietrich Dahnke und Regine Otto, Stuttgart/Weimar 1998, 999–1002. Einschlägig auch: Alfred Schmidt, Goethes herrlich leuchtende Natur. Philosophische Studie zur deutschen Spätaufklärung, München/Wien 1984.

Heinrich Heine, Zur Geschichte der Religion und Philosophie in Deutschland, hg. von Jürgen Ferner, Stuttgart 1997, 121, 59 und 68; Otto Fürst von Bismarck, Gedanken und Erinnerungen, New York/Stuttgart 1898, 3. Die Affinität Bismarcks zu Spinoza betonen: Lothar Gall, Bismarck. Der weiße Revolutionär, Frankfurt a. M./Berlin/Wien 1980, 49; und mehr noch: Ernst Engelberg, Bismarck. Urpreuße und Reichsgründer, Berlin 1985, 136 f.; vgl. dazu auch Heinrich Rosin, Bismarck und Spinoza. Parallelen ihrer Staatsauffassung, in: Festschrift Otto Gierke zum 70. Geburtstag, dargebracht von Schülern, Freunden und Verehrern, Weimar 1911, 383–420.

Zur deutschen und deutsch-jüdischen Spinoza-Rezeption seit dem ausgehenden 18. Jahrhundert lohnt sich nach wie vor die Lektüre von: Max Grunwald, Spinoza in Deutschland, Aalen 1986 (zuerst 1897). Aus der umfangreichen neueren Literatur seien hier neben Yovels Standardwerk nur erwähnt: Willi Goetschel, Spinozas Modernity. Mendelssohn, Lessing, and

Heine, Madison, Wis., 2004; Carsten Schapkow, »Die Freiheit zu philosophieren«. Jüdische Identität in der Moderne im Spiegel der Rezeption Baruch des Spinozas in der deutschsprachigen Literatur, Bielefeld 2001; Ze'ev Levy, Baruch Spinoza. Seine Aufnahme durch die deutsch-jüdischen Denker in Deutschland, Stuttgart 2001; Manfred Walther, Spinoza und das Problem einer jüdischen Philosophie, in: Werner Stegmaier (Hg.), Die philosophische Aktualität der jüdischen Tradition, Frankfurt a. M. 2000, 281–330; David J. Wertheim, Spinoza's Eyes. The Ideological Motives of German-Jewish Spinoza Scholarship, in: Jewish Studies Quarterly 13 (2006), 234–246. Die Zitate von Wolf und Auerbach finden sich in: Immanuel Wolff, Über den Begriff einer Wissenschaft des Judenthums, in: Zeitschrift für die Wissenschaft des Judenthums 1 (1822/23), H. 1, 1–24, hier 3, 14f.; Berthold Auerbach, Spinoza. Ein Denkerleben, Stuttgart/Berlin ^{7}1871, 251 und 286 (zuerst 1836). Eine überzeugende Interpretation von Auerbachs Spinoza-Roman als Ausdruck jüdischer Selbstreflexion bietet: Gabriele von Glasenapp, Spielarten jüdischer Selbstbestimmung im frühen 19. Jahrhundert. Berthold Auerbachs Spinoza-Roman, in: Hanna Delf/Julius H. Schoeps/Manfred Walther (Hgg.), Spinoza in der europäischen Geistesgeschichte, Berlin 1994, 289–304. Allgemein zu Auerbachs Stellung in der deutsch-jüdischen Beziehungsgeschichte: Jacob Katz, Berthold Auerbach, in: ders., Zwischen Messianismus und Zionismus. Zur jüdischen Sozialgeschichte, Frankfurt a. M. 1993, 150–186. Die enge Beziehung zwischen Hess und Auerbach zeigt sich in: Moses Hess, Briefwechsel, hg. von Edmund Silberner, 's-Gravenhage 1959.

Eine aufschlussreiche Auseinandersetzung mit der »Macht der Menge« als zentralem Aspekt von Spinozas politischer Philosophie bieten die Beiträge in: Gunnar Hindrichs (Hg.), Die Macht der Menge. Über die Aktualität einer Denkfigur Spinozas, Heidelberg 2006.

Als grundlegende Darstellungen zur jüdischen Historiografiegeschichte sind zu nennen: Yosef Hayim Yerushalmi, Zachor: Erinnere Dich! Jüdische Geschichte und jüdisches Gedächtnis, Berlin 1996, 92 (zuerst 1982); Amos Funkenstein, Jüdische Geschichte und ihre Deutungen, Frankfurt a. M. 1995 (zuerst 1993); Michael Brenner, Propheten des Vergangenen. Jüdische Geschichtsschreibung im 19. und 20. Jahrhundert, München 2006, 82.

Hier zitierte Werke von Heinrich Graetz: ders., Geschichte der Juden vom Abschluss des Talmuds (500) bis zum Aufblühen der jüdisch-spanischen Kultur (=Geschichte der Juden von den ältesten Zeiten bis auf die Gegenwart, Bd. 5, 1860), 4., verbesserte und ergänzte Aufl., Leipzig 1909 (Nachdruck Darmstadt 1998), XV; ders., Die Konstruktion der jüdischen Geschichte. Eine Skizze, Berlin 1936 (zuerst 1846), 9, 21, 96, 18, 51, 14 und 57; ders., Geschichte der Juden von der dauernden Ansiedelung der Marranen in Holland (1618) bis zum Beginne der Mendelssohnschen Zeit (1750) (=Geschichte der Juden von den ältesten Zeiten bis auf die Gegenwart, Bd. 10, 1868), 3., vermehrte u. verbesserte Aufl., Leipzig 1897 (Nachdruck Darmstadt 1998), 188, 155–161, 177, 172 und 236. Die Briefe von Graetz an Hess finden sich in: ders., Tagebuch und Briefe, hg. und mit Anmerkungen versehen von Reuven Michael, Tübingen 1977 (die Zitate: 11. Oktober 1861, 232 f.; 4. März 1864, 242–244; 29. September 1865, 259 f.; 28. September 1868, 291–293; 19. Juli 1874, 329 f.).

Zum Verhältnis zwischen Heinrich Graetz und Moses Hess siehe: Reuven Michael, Graetz and Hess, in: Leo Baeck Institute Year Book 9 (1964), 91–121; zur Bedeutung von Graetz für den Zionismus vgl. Shlomo Avineri, Heinrich Graetz. Revolutionierung des jüdischen Geschichtsbewußtseins, in: ders., Profile des Zionismus, 39–51; Shlomo Sand, Die Erfindung des jüdischen Volkes. Israels Gründungsmythos auf dem Prüfstand, Berlin 2010, 119–127. Eine eher konventionelle biografische Darstellung bietet: Reuven Michael, Heinrich Graetz. Ha-historion shel ha-am ha-yehudi [Heinrich Graetz. Der Historiker des jüdischen Volkes], Jerusalem 2003; aufschlussreich zur Person: Marcus Pyka, Jüdische Identität bei Heinrich Graetz, Göttingen 2009.

Unser Bruder

Spinozas Rezeption im Zionismus hat bereits einige Aufmerksamkeit in der Forschung erhalten. Einen allgemeinen Überblick neueren Datums bietet: Jacob Adler, The Zionists and Spinoza, in: Israel Studies Forum 24 (2009), 25–38. Eli Rottner, Spinoza in Israel. Eine Kritische Betrachtung, Nieuwkoop 1979, ist vom Titel her irreführend, da es hier nicht um die israelische Spinoza-Rezeption geht, v. a. das Kapitel »Spinoza im hebräischen Schrifttum« (59–122) enthält aber wertvolle Hinweise. Eliezer Schweid hat sich dem Gegenstand in mehreren kleineren Artikeln gewidmet; vgl. etwa Spinoza, ha-le'umiut ha-yehudit we-ha-ẓionut [Spinoza, der jüdische Nationalismus und der Zionismus], in: Kiwunim Ḥadashim 8 (2003), 136–142. Zur hier nicht berücksichtigten weitgehend ablehnenden Haltung religiöser Zionisten zu Spinoza siehe Dov Schwartz, Fascination and Rejection. Religious Zionist Attitudes toward Spinoza, in: Studies in Zionism 14 (1993), 147–168. Der Verfasser dankt Tamar Rozett (Jerusalem) für ihre freundliche Hilfe bei der Quellen- und Literaturrecherche in Israel für dieses und das folgende Kapitel.

Kurzbiografien vieler der hier behandelten Denker bieten neben der Neuausgabe der Encyclopaedia Judaica (2006): Andreas B. Kilcher/Ottfried Fraisse (Hgg.), Metzler Lexikon Jüdischer Philosophen, Stuttgart 2003; Dan Miron, Verschränkungen. Über jüdische Literaturen, Göttingen 2007.

Der Einstieg des Kapitels bezieht sich auf: Joseph Klausner, Der jüdische Charakter der Lehre Spinozas (1927), in: Siegfried Hessing (Hg.), Spinoza. Dreihundert Jahre Ewigkeit. Spinoza-Festschrift, 1632–1932, 2., vermehrte Aufl., Den Haag 1962, 109–133, hier 133 (hebr.: Ha-offi ha-yehudi shel torat Spinoza, in: Joseph Klausner, Me-Aplaton ad Spinoza. Massot filosofiot [Von Platon bis Spinoza. Philosophische Essays], Jerusalem 1955, 297–329). Zur Reaktion Gershom Scholems: Allan Nadler, Romancing Spinoza, in: Commentary, Dezember 2006, 25–30, hier 25; Scholems Negativcharakterisierung Klausners ist zit. nach einem Brief an Ernst Simon vom 22. Dezember 1935, in: Gershom Scholem, Briefe, 3 Bde., hier Bd. 1: 1914–1947, hg. von Itta Shedletzky, München 1994, 229–231, hier 230. Salomon Maimons Lebensgeschichte. Von ihm selbst geschrieben und hg. von Karl Philipp Moritz, neu hg. von Zwi Batscha, Frankfurt a. M. 1995, 92; zu Maimon und Spinoza siehe Menachem Dorman, The Spinoza Dispute in Jewish Thought. From David Nieto to David Ben-Gurion, Tel Aviv 1990, 78–94 (hebr.).

Israel Bartal, Geschichte der Juden im östlichen Europa 1772–1881, Göttingen 2010, 104; Werner Conze, Ostmitteleuropa. Von der Spätantike bis zum 18. Jahrhundert, hg. und mit einem Nachwort von Klaus Zernack, München 1992, 9.

Zu Spinozas Rezeption in der östlichen Haskala-Bewegung: Fischel Lachover, Spinoza ba-sifrut ha-haskala ha-ivrit [Spinoza in der hebräischen Haskala-Literatur], in: ders., Al gvul ha-yashan we-ha-ḥadash. Massot sifrutiot [An der Grenze zwischen dem Alten und dem Neuen. Literarische Essays], Jerusalem 1951, 109–122; Verena Dohrn, Suche nach einer modernen jüdischen Identität. Der Beginn der Spinoza-Rezeption unter den Juden im Zarenreich, in: Studia Spinozana 13 (1997), 141–160, hier 143, 150, 146 und 149. Zur Kritik des Shadal: Aryeh Leo Motzkin, Spinoza and Luzzatto. Philosophy and Religion, in: Journal of the History of Philosophy 17 (1979), 43–51.

Isaac Bashevis Singer, Die Familie Moschkat, München [5]1991 (Taschenbuchausgabe; zuerst 1950); ders., Der Spinoza von der Marktstraße (1963), in: ders., Der Spinoza von der Marktstraße. Ausgewählte Erzählungen, Leipzig 1982, 36–58, hier 44 und 50. Hillel Zeitlin, Baruch Spinoza. Ḥayaw, sfaraw we-shitato ha-filosofit [Baruch Spinoza. Sein Leben, seine Werke und seine philosophische Lehre], 2 Bde., Warschau 1900, 132.

Berdyczewskis Kritik an Zeitlin findet sich in: Ẓiunim [Bemerkungen], in: Kitve Micha Yosef Bin Gurion (Berdyczewski) [Schriften], Bd. 2: Ma'amarim [Artikel], Tel Aviv 1965, 49–53, hier 49; aufschlussreich zum geistesgeschichtlichen Hintergrund: Menachem Brinker, Nietzsches Einfluß auf hebräische Schriftsteller des russischen Zarenreichs, in: Werner Stegmaier/Daniel Krochmalnik (Hgg.), Jüdischer Nietzscheanismus, Berlin/New York 1997, 35–52. Joseph Chaim Brenners Charakterisierung Berdyczewskis ist zit. nach: Shlomo Aronson, David Ben-Gurion and the Jewish Renaissance, Cambridge u. a. 2011, 53. Zu den divergierenden Deutungen Brenners im israelischen Diskurs vgl. nur Anita Shapira, Brenner. Sipur Ḥayaw [Brenner. Geschichte seines Lebens], Tel Aviv 2008, und die Rezension Hannan Hevers, Ẓionut we-ironia [Zionismus und Ironie], in: Haaretz, 28. Januar 2009.

Samuel Max Melamed, Spinoza and Buddha. Visions of a Dead God, Chicago, Ill., 1933, 145 f.; ders., Psychologie des jüdischen Geistes. Zur Völker- und Kulturpsychologie, 2., verbesserte und vermehrte Aufl., Berlin 1921, XI; ders., Spinoza ha-yehudi [Spinoza der Jude], in: Hashiloach 25 (1911), 573–581, hier 581. Brenners Bezugnahme auf den Artikel findet sich in: Brenner, Ḥoveret ha-yovel shel »Hashiloaḥ« [Das Jubiläumsheft von »Hashiloach«], in: Ha'achdut, Dezember 1911/Januar 1912, zit. nach Joseph Chaim Brenner, Ktavim [Schriften], Bd. 3: Publizistika, bikoret [Publizistisches, Kritik], Tel Aviv 1985, 722–737, hier 736 f. Das Standardwerk zu

Achad Ha'am und Hashiloach ist Steven J. Zipperstein, Elusive Prophet. Ahad Ha'am and the Origins of Zionism, Berkeley/Los Angeles, Calif., 1993.

Für die Zitate zu Joseph Klausner siehe Amos Oz, Eine Geschichte von Liebe und Finsternis, Frankfurt a. M. 2004, 105; Miron, Verschränkungen, 208. Die behandelten bzw. erwähnten Werke Klausners sind: ders., Jesus von Nazareth. Seine Zeit, sein Leben und seine Lehre, 2., erweiterte Aufl., Berlin 1934, 573; ders., Geschichte der neuhebräischen Literatur, Berlin 1921, 12, 72 und 76; ders., Darki likrat ha-tḥiya we-ha-ge'ula. Awtobiografia (1874–1944) [Mein Weg zu Auferstehung und Erlösung. Autobiografie (1874–1944)], Tel Aviv/Jerusalem 1946; ders., Der jüdische Charakter der Lehre Spinozas (1927), in: Hessing (Hg.), Spinoza. Dreihundert Jahre Ewigkeit, 109–133, hier 122f. und 132; ders., Spinoza we-torato [Spinoza und seine Lehre] (1932), in: ders., Me-Aplaton ad Spinoza. Massot filosofiot [Von Platon bis Spinoza. Philosophische Essays], Jerusalem 1955, 283–296, hier 284, 294 und 296; Spinoza we-ha-yahadut [Spinoza und das Judentum] (1938), in: ebd., 330–344, hier 330 und 344. Die Gegenposition: Julius Guttmann, Die Philosophie des Judentums, München 1933, 10 und 73; zum ideengeschichtlichen Kontext des Werks vgl. Thomas Meyer, Vom Ende der Emanzipation. Jüdische Philosophie und Theologie nach 1933, Göttingen 2008, 63–86.

Nahum Sokolow, Baruch Spinoza and his Time. A Study in Philosophy and History, Paris 1929, 2 (hebr.); ders., Der Jude Spinoza, in: Hessing (Hg.), Spinoza, 182–192, hier 182f., 185 und 192.

Leo Strauss, Das Testament Spinozas (1932), in: ders., Die Religionskritik Spinozas und zugehörige Schriften, hg. von Heinrich Meier, Stuttgart/Weimar 1996, 415–422; vgl. hierzu Steven B. Smith, How to Commemorate the 350th Anniversary of Spinoza's Expulsion, or Leo Strauss' Reply to Hermann Cohen, in: Hebraic Political Studies 3 (2008), 155–176; in einem größeren Zusammenhang weiterführend: Benjamin Lazier, God Interrupted. Heresy and the European Imagination between the World Wars, Princeton, N. J./Oxford 2008. Aufschlussreich zur jüdischen Spinoza-Renaissance in der Weimarer Republik: David J. Wertheim, Salvation through Spinoza. A Study of Jewish Culture in Weimar Germany, Leiden/Boston, Mass., 2011.

Wenngleich viel über Ben-Gurion geschrieben wurde, steht eine akademische Biografie nach wie vor aus. Eine klassische Lebensdarstellung ist: Michel Bar-Zohar, David Ben Gurion. Der streitbare Prophet, Hamburg 1968, 216 f.; als kurze Einführung empfiehlt sich: Shlomo Avineri, David Ben-Gurion. Die Vision und die Macht, in: ders., Profile des Zionismus, 227–244, hier 228; grundlegend zum ideologischen Hintergrund und politischen Wirken: Shlomo Aronson, David Ben-Gurion and the Jewish Renaissance, Cambridge u. a. 2011. Neue Akzente zum staats- und gesellschaftspolitischen Denken Ben-Gurions setzt: Nir Kedar, Mamlachtiut. Ha-tfissa ha-esraḥit shel David Ben-Gurion [Mamlachtiut. Die staatsbürgerliche Auffassung von David Ben-Gurion], Sede Boker/Jerusalem 2009. Den Aspekt des Messianismus betont dagegen: David Ohana, Messianism and Mamlachtiut. Ben-Gurion and the Intellectuals between Political Vision and Political Theology, Sede Boker/Beer Sheva 2003 (hebr.); vgl. auch Michael Keren, Ben-Gurion and the Intellectuals. Power, Knowledge, and Charisma, Dekalb, Ill., 1983. Die Erinnerung von Amos Oz ist entnommen aus: ders., Eine Geschichte von Liebe und Finsternis, 628–639.

Die Kindheitserinnerung Ben-Gurions stammt aus einem Zeitungsartikel vom 1. Januar 1963 mit dem Titel *Plonsk Ayarati* (Mein Schtetl Plonsk), der in der bibliografischen Sammlung der Ben-Gurion Archives (BGA) verwahrt ist (Akten-Nr. 21608); die Zeitung konnte nicht ermittelt werden. Der Brief an Shmuel Fuchs ist abgedruckt in: Dorman, The Spinoza Dispute, 155 f. (dort auch der Hinweis auf Moses Hess). Ben-Gurions Rede »Dvar ha-medina li-tnua ha-ẓionit« (Wort des Staates an die zionistische Bewegung) vor dem 23. Zionistenkongress findet sich im stenografischen Bericht des Kongresses, Jerusalem 1951, 10–21, hier 13, 20 (hebr.).

Über die Gründung des Spinozaeums in Haifa wird berichtet in: Haaretz, 9. Juli 1950; das Engagement Georg Herz Shikmonis würdigen: Arie Nesher, Ḥassido shel Spinoza [Spinozas treuer Anhänger], in: Haaretz, 1. Oktober 1956; S. Shachori, Ohev Spinoza be-ya'arot ha-karmel [Ein Spinoza-Liebhaber in den Wäldern des Carmel], in: Davar, 29. Juni 1965. Ben-Gurion an Shikmoni, 19. Juli 1951, in: BGA, Nr. 489 (die Akte enthält ein 42-seitiges Konvolut von Briefen Ben-Gurions aus den Jahren 1951 bis 1957, die Spinoza zum Gegenstand haben, und auch das Originalmanuskript seines Artikels in der Zeitung *Davar* vom 25. Dezember 1953). Für die gastfreundliche Aufnahme und hilfreiche Beratung dankt der Verfasser den Mitarbeitern von Archiv und Bibliothek im Ben-Gurion Research Institute (Sede Boker/Midreshet Ben-Gurion), namentlich Lily Adar und Hanah Pinshow.

David Ben-Gurion, Netaken ha-me'uwat [Lasst uns das Krumme geradebiegen], in: Davar, 25. Dezember 1953 (dt.: Lasset uns gutmachen das Unrecht, in: Hessing [Hg.], Spinoza, 1–9 [die Zitate wurden aus dem hebr. Original übersetzt]). Ben-Gurion an Rabbi Ario S. Hyams, 24. Februar 1954, in: BGA, Nr. 489 (engl.); Emmanuel Lévinas, Der Fall Spinoza (ursprünglich in: Trait d'Union 34/35 [Dezember 1955/Januar 1956]), in: ders., Schwierige Freiheit. Versuch über das Judentum, Frankfurt a. M. 1992, 104–108; Ya'acov Ardon, B. G. and Spinoza (Leserbrief), in: The Jerusalem Post, 6. August 1954; David Ben-Gurion, Ben Gurion on Spinoza (Leserbrief), in: The Jerusalem Post, 16. August 1954; Ben-Gurion an Ya'acov Sobel, 2. August 1954, in: BGA, Nr. 489 (hebr.).

Instruktiv zur Einführung in die Strukturgeschichte Israels bleibt: Shmuel N. Eisenstadt, Die Transformation der israelischen Gesellschaft, Frankfurt a. M. 1992; den politischen

Kompromiss zwischen Staat und Religion thematisiert: Shneor Zalman Abramov, The Perpetual Dilemma. Jewish Religion in the Jewish State, London 1976. Zur allgemeinen Problematik: Michael Brenner/Yfaat Weiss (Hgg.), Zionistische Utopie – israelische Realität. Religion und Nation in Israel, München 1999. Eine überaus lesenswerte literarische Aufarbeitung des Anschlags auf David-Zvi Pinkas bietet: Nurit Gertz, Unrepentant. Four Chapters in the Life of Amos Kenan, Tel Aviv 2008 (hebr.).

Georg Herz Shikmonis Rückblick auf die Vorgänge um Spinozas Grab: ders., Ha-tragedia shel kever [Die Tragödie eines Grabes], in: Davar, 8. August 1960; zur Bestätigung des Bannurteils durch Rabbi Pereira: Haaretz, 26. Juli 1954; die ausführlichste Kritik: She'elot saviv matzevet Spinoza be-Haag [Fragen um Spinozas Grabstein im Haag], in: Haaretz, 4. Oktober 1956; kleinere Berichte: Maariv, 5. September 1956; Haaretz, 9. September 1956; Davar, 10. September 1956; Haaretz, 10. September 1956; Golda Meirs Erklärung findet sich in: Haaretz, 13. November 1956. Karl Jaspers Urteil steht in seinem philosophiegeschichtlichen Hauptwerk aus dem Jahr 1957, vgl. ders., Die großen Philosophen, Frankfurt a. M. [5]1995, 884.

Spinoza auf Hebräisch

Zu Spinozas hebräischer Grammatik vgl. Jacob Bernays, Ueber Spinoza's hebräische Grammatik (1850), in: ders., Gesammelte Abhandlungen, 2 Bde., Bd. 2, hg. von Hermann Usener, Berlin 1885, 342–350; Ze'ev Levy, The Problem of Normativity in Spinoza's »Hebrew Grammar«, in: Studia Spinozana 3 (1987), 351–390; Warren Zev Harvey, Spinoza's Metaphysical Hebraism, in: Heidi Morrison Ravven/Lenn Evan Goodman (Hgg.), Jewish Themes in Spinoza's Philosophy, Albany, N. Y., 2002,

107–114. Den Kontext beleuchtet: Anthony J. Klijnsmit, Amsterdam Sephardim and Hebrew Grammar in the Seventeenth Century, in: Studia Rosenthaliana 22 (1988), 144–164.

Grundlegend zu den hebräischen Übersetzungen der *Ethik:* Gideon Katz, In the Eye of the Translator. Spinoza in the Mirror of the »Ethics'« Hebrew Translators, in: The Journal of Jewish Thought and Philosophy 15 (2007), 39–63.

Zitierte Werke Jakob Klatzkins: ders., Probleme des modernen Judentums, Berlin 1918, 27; ders., Baruch Spinoza, Ḥayaw, Sfaraw, Shitato [Sein Leben, seine Bücher, seine Lehre], Leipzig 1923, 38, 50 und 148; Missverständnisse in und um Spinoza (Vortragsmanuskript von 1927), in: Central Zionist Archives, Nachlass Klatzkin, A 40/97, 9, 12f. und 14; siehe auch die Kurzfassung unter dem Titel »Der Missverstandene«, in: Siegfried Hessing (Hg.), Spinoza. Dreihundert Jahre Ewigkeit. Spinoza-Festschrift, 1632–1932, 2., vermehrte Aufl., Den Haag 1962, 101–108.

Lebendige Erinnerungen an Klatzkin bietet: Nahum Goldmann, Mein Leben als deutscher Jude, München/Wien 1980, 36 und 142; eine interessante Perspektive auf Klatzkins Denken im Kontext einer gnostischen Lebensphilosophie eröffnet: Yotam Hotam, Moderne Gnosis und Zionismus. Kulturkrise, Lebensphilosophie und nationaljüdisches Denken, Göttingen 2010, bes. 161–200; zum Projekt des *Thesaurus* und seiner Bedeutung vgl. Resianne Fontaine, The Study of Medieval Hebrew Philosophical Terminology in the Twentieth Century. Klatzkin's »Thesaurus« and Later Studies, in: Jewish Studies Quarterly 7 (2000), 160–181; ein überaus negatives Urteil zu Klatzkins Arbeiten zu Spinoza fällt: Eli Rottner, Spinoza in Israel. Eine kritische Betrachtung, Nieuwkoop 1979, 81–111. Zur angeschnittenen Frage des modernen Hebräisch vgl. Franz Rosenzweig, Neuhebräisch? Anläßlich der Übersetzung von Spinozas Ethik (1925), in: ders., Zweistromland. Kleinere Schriften zu Glauben und Denken, hg. von Reinhold und

Annemarie Mayer, Dordrecht/Boston, Mass./Hingham, Mass., 1984, 723–729, hier 724 und 728; Ghil'ad Zuckermann, Israeli, a Beautiful Language, Tel Aviv 2008 (hebr.).

Yirmiyahus Yovels kulturelle Selbstbeschreibung ist zit. nach: Sagui Grin, Natua bi-shtei tarbuyiot mitkatshot [Gepflanzt in zwei einander widerstreitenden Kulturen], in: Haaretz, 2. Februar 2000. Frühe Zeitungsartikel Yovels zu Spinoza: Kofer u-menude. Spinoza we-parashat ha-ḥerem [Häretiker und Ausgestoßener. Spinoza und die Bann-Affäre], in: Haaretz, 18. Februar 1977; Ha-hakara ha-aẓmit ke-shiḥrur. Spinoza we-Freud [Die Selbsterkenntnis als Befreiung. Spinoza und Freud], in: Haaretz, 23. und 30. September 1983; Heine we-Spinoza. Aḥim be-i-emuna [Heine und Spinoza. Brüder im Unglauben], in: Haaretz, 12. Oktober 1984. Zum Jerusalemer Spinoza-Institut und seinen ersten Veranstaltungen vgl. Haaretz, 1. Juni 1984, 27. März 1987, 29. April 1987; Michael Handelsalz, Kashe lehiot ḥiloni [Schwer, säkular zu sein], in: Haaretz, 3. Mai 1987.

Yirmiyahu Yovel, Spinoza ve-kofrim aḥerim [Spinoza und andere Häretiker], Tel Aviv [4]1989, 216, 197, 220 und 229; Yovels Spinoza-Monografie (dt.: Spinoza. Das Abenteuer der Immanenz, Göttingen 1996) wird hier nach der hebräischen Originalausgabe zitiert, da die englische Ausgabe, auf die sich die deutsche Übersetzung stützt, an einigen Stellen von ihr abweicht. Zur Präsentation des Buches vgl. Haaretz, 30. November und 20. Dezember 1988; Avshalom Elitzur, Aḥim be-i-emuna [Brüder im Unglauben], in: Haaretz, 29. September 1989; die erwähnten Kritiken: Yoram Brunowski, Ḥayim taḥat masecha [Leben unter der Maske], in: Haaretz, 17. März 1989; ders., Aklimo shel Spinoza [Spinozas Klima], in: Haaretz, 24. März 1989; Ada Oshpiz, Spinoza shel ha-konsensus [Der Spinoza des Konsenses], in: Haaretz, 7. April 1989. Kritik an der Marranen-These hat auch George Steiner geäußert; vgl. ders., Affinities, in: London Review of Books, 19. April 1990.

Oded Schechter, Ha-muḥlat shel Auschwitz we-Spinoza. Ha-kod ha-metafisi-ontologi shel ha-ḥiloniut ha-le'umit [Das Absolute von Auschwitz und Spinoza. Der metaphysisch-ontologische Code des nationalen Säkularismus], in: Mitaam 1 (2005), 97–120; siehe dazu Reuven Miran, Mefer et ha-seder ha-maḥshavati ha-kayam [Die bestehende Denkordnung brechend], in: Haaretz, 16. Februar 2005; Christoph Schmidt, Sof ha-derech, o: Ha-shalav ha-aḥaron shel hitnatkut ha-dimyion me-ha-meẓiut be-odisseya shel ha-post-ẓionut [Das Ende des Weges, oder: Die letzte Stufe der Abkoppelung der Fantasie von der Wirklichkeit in der Odyssee des Postzionismus], in: Mikarov 16 (2005), 36–47.

Yosef Ben-Shlomo, Lectures on the Philosophy of Spinoza, Tel Aviv 1983 (hebr.); Gershon Weiler, Teokratia Yehudit [Jüdische Theokratie], Tel Aviv 1976, 11 und 197 (engl.: Jewish Theocracy, Leiden u. a. 1988). Gideon Katz, The Pale God, Israeli Secularism and Spinoza's Philosophy of Culture, Boston, Mass., 2011, 95. Dan Diner, Zeitenschwelle. Gegenwartsfragen an die Geschichte, München 2010, 74; vgl. auch ders., Zeitembleme israelischer Zugehörigkeit. Von Säkularem und Profanem, in: ders., Gedächtniszeiten. Über jüdische und andere Geschichten, München 2003, 229–245. Allgemein zur politischen Theologie innerhalb der jüdischen Moderne: Christoph Schmidt (Hg.), God Will Not Stand Still. Jewish Modernity and Political Theology, Jerusalem 2009 (hebr.).

Die behandelten Gedichte Mikre be-kafe »Olga« [Vorfall im Café »Olga«] und Le-Spinoza [Für Spinoza] von Jonathan Geffen finden sich in: ders. (36), Shirim [Gedichte], Tel Aviv 1985, 22 f. Joshua Sobol, Solo, Tel Aviv 1991 (hebr.) (engl.: Solo. Pièce en quatre actes [éditions bilingue anglais-français], Saint-Étienne 1994. Vgl. dazu Michael Ohed, Spinoza hu provokaẓia [Spinoza ist eine Provokation], in: Haaretz, 17. September 1991. Zu Igal Bursztyn und seinem Buch über die Gesichter im israelischen Film vgl. Tamar Assal, Secher mipnei hitbahamut [Damm gegen Vulgarisierung], in: Haaretz, 19. Dezember 1990; zur Kritik von »Osher le-lo Gvul« vgl. Uri Klein, Ẓive'a ha-mefatim shel ha-hasaia [Die verführerischen Farben der Fantasie], in: Haaretz, 27. November 1996; ders., Festival ha-sratim ha-13 b-Irushalayim [Das 13. Filmfestival in Jerusalem], in: Haaretz, 11. Juli 1996. Großer Dank gebührt Igal Bursztyn (Tel Aviv) für ein ebenso freundliches wie interessantes Gespräch und eine Kopie des Drehbuchs. Nicht zuletzt dankt der Verfasser herzlich Anat Hod und Roi Sagir für ihre stete Gastfreundschaft in Tel Aviv und Nahariya sowie Elad Lapidot (Berlin) für seine Hilfe bei Übersetzungsfragen und seinen philosophisch geschärften Blick.

Das Schlusszitat Goethes stammt aus: Dichtung und Wahrheit, hg. von Klaus-Detlef Müller (=Goethe, Werke, Bd. 5), Frankfurt a. M./Leipzig 2007, 562 f.

Zum Autor

Jan Eike Dunkhase hat Mittlere und Neuere Geschichte, Philosophie und Jüdische Studien in Heidelberg und Jerusalem studiert und wurde 2008 im Fach Geschichte an der Freien Universität Berlin promoviert. Zwischen 2007 und 2011 hat er als Redakteur und Übersetzer an der Botschaft des Staates Israel in Berlin gearbeitet. Von 2011 bis 2013 war er Wissenschaftlicher Mitarbeiter am Simon-Dubnow-Institut für jüdische Geschichte und Kultur an der Universität Leipzig. Dort hat er unter anderem an der im Auftrag der Sächsischen Akademie der Wissenschaften zu Leipzig von Dan Diner herausgegebenen *Enzyklopädie jüdischer Geschichte und Kultur* mitgearbeitet, für die er auch als Autor tätig ist.

Seine Forschungsschwerpunkte liegen auf dem Gebiet der deutschen, jüdischen und israelischen Ideen-, Kultur- und Historiografiegeschichte des 19. und 20. Jahrhunderts. Bei Vandenhoeck & Ruprecht erschien 2010 seine Monografie *Werner Conze. Ein deutscher Historiker im 20. Jahrhundert*. Im Band 12 des Jahrbuchs des Simon-Dubnow-Instituts (2013) hat er den Schwerpunkt *Hebräisch säkularisieren. Anverwandlungen einer heiligen Sprache* herausgegeben.

Wenn Sie weiterlesen möchten

Dirk Sadowski

Haskala und Lebenswelt

Herz Homberg und die jüdischen deutschen Schulen in Galizien 1782–1806

Die Studie beleuchtet die Situation der jüdischen deutschen Schulen in Galizien zwischen 1782 und 1806 unter Aufsicht des Aufklärers Herz Homberg, eines Schülers Moses Mendelssohns.

Mirjam Thulin

Kaufmanns Nachrichtendienst

Ein jüdisches Gelehrtennetzwerk im 19. Jahrhundert

David Kaufmann (1852–1899), Professor am Rabbinerseminar in Budapest, war im letzten Drittel des 19. Jahrhunderts ein zentraler Akteur der jüdischen Wissenschaftsbewegung, seit den 1820er Jahren bekannt als Wissenschaft des Judentums. Am Beispiel seines »Nachrichtendienstes«, wie Kaufmanns Briefnetzwerk bezeichnet wurde, stellt Mirjam Thulin die Vernetzungsstrategien der jüdischen Gelehrten dar. Zudem gewährt die Studie detaillierte Einsichten in die vielfältigen kultur- und wissenschaftshistorischen Aspekte der Geschichte des jüdischen Wissenswandels und der Wissenschaft des Judentums im 19. Jahrhundert.

Susanne Zepp

Herkunft und Textkultur

Über jüdische Erfahrungswelten in romanischen Literaturen 1499–1627

Eine literaturwissenschaftliche Untersuchung zum Beitrag jüdischer Kultur zur Herausbildung der Moderne in der Romania.

Susanne Zepp untersucht fünf Grundlagentexte, die im Europa der Frühen Neuzeit zwischen 1499 und 1627 entstanden sind: La Celestina, die Dialoghi d'amore des Leone Ebreo, der erste pikareske Roman, Lazarillo de Tormes, die Essais von Michel de Montaigne und die poetisierenden Bibelbearbeitungen João Pinto Delgados. Sie deutet dabei den Wandel der Gattungen und die literarischen Zeugnisse jener Zeit in Verknüpfung mit der Geschichte des 16. Jahrhunderts. Die Autorin zeigt, dass die Entstehung des frühmodernen Subjektbewusstseins aus literaturwissenschaftlicher Sicht auch als eine Universalisierung ursprünglich partikular jüdischer Erfahrungen erklärt werden kann.

Wenn Sie weiterlesen möchten

Omar Kamil

Der Holocaust im arabischen Gedächtnis

Während in Europa der Holocaust zunehmend zum Bezugspunkt von Geschichtserfahrung wurde, nahm die arabische Welt das Ereignis nur eingeschränkt wahr. Diese erschwerte Wahrnehmung fand entweder vor dem Hintergrund der Palästinafrage oder im Zusammenhang mit dem Verhältnis arabischer Nationalisten zum Nationalsozialismus Aufmerksamkeit. Omar Kamil verfolgt in seinem Buch einen diskursgeschichtlichen Ansatz, indem er entlang zentraler Texte von Arnold Toynbee, Jean-Paul Sartre und Maxime Rodinson die arabische Rezeption in den 1960er Jahren in den Blick nimmt. Er zeigt auf, wie eine angemessene Wahrnehmung des Holocaust in der arabischen Welt durch die Kolonialerfahrung verstellt wird.

Klaus Kempter

Joseph Wulf

Ein Historikerschicksal in Deutschland

Der Auschwitz-Überlebende Joseph Wulf (1912–1974) war in Deutschland der erste Historiker, der Bücher zum Holocaust publizierte. Um sein Leben und Werk kreiste vor wenigen Jahren eine Kontroverse, ob die bundesdeutsche Zeitgeschichtsforschung nationalapologetisch war und die jüdische Geschichtserfahrung – die Perspektive der Opfer – systematisch ausklammerte. Klaus Kempter beleuchtet diese Frage mit seiner biografischen Studie neu. Er zeichnet das Porträt eines Außenseiters, dessen Beitrag zur Aufklärung über die NS-Vergangenheit in seiner Tragweite erst in jüngerer Zeit wahrgenommen wird.

Eran Rolnik

Freud auf Hebräisch

Geschichte der Psychoanalyse im jüdischen Palästina

Eran Rolnik zeichnet den Weg der Psychoanalyse aus dem deutschsprachigen Raum in das vorstaatliche Israel nach. Im Zentrum der Studie steht die Frage nach Akzeptanz und Einfluss der Psychoanalyse in einem durch Immigration, ethnische Spannungen, britische Kolonialherrschaft und jüdische Staatsbildung charakterisierten Kontext. Der Autor beschreibt, wie sie die Diskurse von Pädagogik, Literatur, Medizin und Politik in der ersten Hälfte des 20. Jahrhunderts durchdrang und schließlich eine therapeutische Disziplin der jungen jüdischen Gemeinschaft wurde.

Toldot

Essays zur jüdischen Geschichte und Kultur

V&R

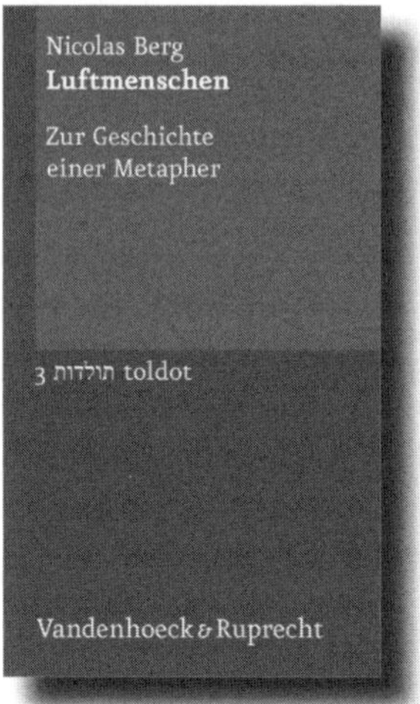

Band 3: Nicolas Berg

Luftmenschen

Zur Geschichte einer Metapher

Mit einem Vorwort von Dan Diner.
2. Auflage 2013. 245 Seiten,
kartoniert
ISBN 978-3-525-35092-8
E-Book ISBN 978-3-647-35092-9

In der Alltagssprache verweist »Luft« auf das Unsichtbare, Unstete, Irreal-Phantastische. Historisch fand die Vorstellung vom »Luftmenschen« in einem überraschend breiten, wenig erforschten Diskurs um 1900 Resonanz. Vor allem die Wahrnehmung jüdischer Existenz in der Moderne wurde derart bebildert. Dafür schien die diasporische Lebensrealität der Juden ebenso zu sprechen wie die notorisch kritisierte soziale Verortung, bestimmte Berufsmuster oder andere als »typisch jüdisch« wahrgenommene Gemeinsamkeiten. Aber auch ganz allgemeine Phänomene der Zeit wie Migration und Verstädterung wurden mit der Metapher vom »Luftmenschen« kritisch von vermeintlich natürlicher Verwurzelung abgerückt.

Nicolas Bergs Buch über Entstehung und Bedeutungswandel der Metapher Luftmensch geht diesen Zusammenhängen von symbolischer Rede und essentialistisch interpretierter Realität in ganz unterschiedlichen Kontexten nach.

Vandenhoeck & Ruprecht